犬旅元年

ペットツーリズムの実態と展望

犬旅元年

ペットツーリズムの実態と展望

犬旅元年

ペットツーリズムの実態と展望

旅の販促研究所

はじめに

今、日本は間違いなく大ペットブームである。

朝通勤で家を出て駅まで行く間にも小さな可愛い犬の散歩をしている人に何人も会う。帰宅の暗くなった時間でもやはり犬の散歩と出会う。たしかに犬の散歩には以前よりよく出会うようになった。駅前にはペットショップができたし、同様な店がいつの間にか近所に数軒できていることに気付く。動物病院も歩いて行ける範囲にいくつかある。週末に公園や近くの河原に行くと様々な種類の犬たちと遊ぶ老若男女の姿の多いことに驚かされる。

筆者が夏休みや週末によく行く八ヶ岳高原では、この数年訪れるたびに犬を連れた旅行者の数が増えている。夏休みや連休の時期などその数は尋常ではない。この犬たちはもちろん地元の飼い犬ではない。間違いなく旅をしてきた犬たちなのだ。同様な現象は那須高原や軽井沢、富士五湖、伊豆高原などでも起こっている。これらの地域には犬たちがのびのび走り回れる広々とした自然があるからだけではなく、ペット同伴可能な宿泊施設やレストラン、観光施設が多く集まっているからである。このような地域は全国にたくさんあり、拡大しているという。ペット同伴の旅はもうすでに一般化し始めている。そう思うと、高速道路のサービスエリアでも犬連れの人々を多く見かけるし、ドッグランや犬のための水飲み場などもいつの間にかできている。新幹線の中でもケージに入れた犬を大事そうに抱える乗客を見かけることも多くなってきたし、空港のカウンターでも犬を入れたケージを預ける姿を見ることがある。

現在、犬や猫の飼育匹数は調査機関によって様々な数字が出ているが、犬が約1210万匹、猫が約960万匹でなんと合計約2170万匹（2006年ペットフード工業会調査拡大推計値）だといわれている。実は飼育匹数自体は近年やや減少傾向にあるといわれるものの驚くべき数字である。日本の15歳未満人口（年少人口）は約1750万人（2005年国勢調査）である。つまり、今の日本は子供たちの数より犬と猫の数のほうがはるかに多いのである。

そんな背景の中で、ペットが家族化し、ペットにも人間と同様の生活をさせてやりたいと考える飼い主（ペットオーナー）が急増してきた。人が食べても安心なペットフード、人と同様な健康管理や医療、さらにファッション、美容などペットオーナーの欲求は高まっている。当然、買い物にも、食事にも連れて行きたいし、レジャーや旅行にも一緒に行きたい。すでに始まっているペット同伴旅行への要求度は確実に大きくなっている。

旅行営業、地域振興、観光客誘致にとって、もう無視のできないこれらペット同伴旅行、すなわち「ペットツーリズム」、特に犬や猫と一緒に行く旅行を私たちは「犬旅《いぬたび》」と名づけ、その実態と旅行者の動向、意識についての調査を「旅の販促研究所」の自主研究として実施した。これらの調査研究結果が少しでも旅行業界や観光業界のペット同伴旅行に対する理解促進とその対応のヒントになれば幸せである。

最後に、調査にご協力いただいた多くの方々に感謝します。また、編集に熱心に取り組んでいただいた教育評論社の久保木健治さん、米津香保里さん、小嶌淳子さんに心より御礼を申し上げます。

2008年4月

安田亘宏

犬旅元年

——ペットツーリズムの実態と展望——

目次

第4章 犬旅の対応と現状 ……… 057

第5章 犬旅の実態 ……… 077

装訂　上野秀司

第1章

「犬旅」とは何か

1 ペット同伴旅行経験者の話

——ペット同伴旅行経験者グループインタビュー風景——

調査研究のスタート

私たちは今確実に成長を続けている日本の「ペットツーリズム」の調査研究をスタートするにあたり、ペット飼育の実態やペット業界の現状に関する資料を収集し分析を開始することと並行し、まずペット同伴旅行を実際に行ったペットオーナーを対象にグループインタビューを行った。

グループインタビューとは、調査対象の条件にあった対象者に会場に来ていただき、司会者（モデレーター）の進行に沿って実施する座談会形式の定性調査のことで、当研究所が旅行者の行動や意識、本音を引出すためによく実施する調査方法である。

実施は2007年9月、直近1年間に愛犬・愛猫と1泊以上の旅行に行った人を対象とした。ペット同伴旅行をした理由、きっかけ、決定までのプロセス、目的地、宿泊施設、交通機関、満足度、注意点、今後の実施予定などを質問項目として用意した。実際に集まったのは女性6人、年齢は19歳から56歳、犬との旅行経験者が5人、猫とが1人で、犬は全数が室内犬だった。

ペット同伴旅行を熱く語る

55歳専業主婦……夫と息子の3人家族、一戸建てに住んでいる。ペットはシー・ズー犬の親子

4匹で、室内で16年前から飼っている。普段の買い物や友達の家などへは車に乗せていく。犬だけ置いていくのは可哀想なので、よく4匹と一緒に旅行する。最近は別所温泉や日光に車で行った。宿泊はペット可のホテルを旅行会社で予約した。日光のホテルは女将さんが大の犬好きでとてもよかった。ゴールデンウィークには北海道へ行った。札幌の実家に行く前に洞爺湖温泉に1泊した。16歳の1匹は高齢で可哀想なので、息子に世話を頼んで、3匹を連れて行った。往復は寝台特急「北斗星」の個室をとった。ケージに入れて電車で上野まで行き北斗星に乗った。上野までの電車の中ではうるさかったが、個室ではとても静かにしていた。電車に乗るには手回り品切符が必要だが別に難しくはない。洞爺湖温泉では部屋に入れることができなかったけれど、預かってもらえた。これからも犬たちと一緒に旅行に行きたい。

45歳専業主婦……夫と長女、長男、次男の5人家族。子供は高校生と中学生。犬は1匹、ワイアー・フォックス・テリア。1年半前、ペットを飼えるマンションに引っ越したので念願の犬を飼い始めた。休日出かけるときは犬を連れて行けるところに行くので、一緒に行くのが普通。デパートに買い物に行くとき以外はほとんど連れて行く。旅行は那須高原に毎年行っている。ペット可のホテルのいいところがあり、車で行くので何の問題もない。今年は北海道に行ってきた。往復飛行機で、宿はインターネットで探し旭川のホテルを予約した。飛行機は荷物扱いでケージに入れて預けたが心配なかった。旭川空港に到着後はペット可のレンタカーを借りた。ホテルはとても快適で、宴会場がドッグランになっていて、温泉も犬と一緒に入れる。食事も家族と一緒に楽しめ、犬にはかごにペット用の食事が入っていて食べ放題だった。とても満足した旅だった。

56歳専業主婦……長女、次女との3人家族。猫3匹でいずれも雑種で14歳と7歳、6歳。それぞれ事情があり〝うちの子〟となった。猫なので普段は基本的には家の中、車を手放す前は車に乗せて出かけていた。旅行のときはたいてい誰かが家に残るので置いていったが、ゴールデンウィークに安い宿泊チケットがあり、ペット可だったので家族と猫3匹で箱根の強羅へ行った。往復小田急のロマンスカーを利用した。部屋の中では猫を出してもかまわなかったので、部屋で自由にさせていた。今度は猫も入れる温泉に行きたい。

19歳大学生……両親との3人家族。犬1匹、プードル犬10歳。一戸建てに住む。両親が共働きで、小学6年生の頃学校から帰ってきて寂しいといって、買ってもらった。普段は留守番させることが多いが、家族と一緒に行く旅行には連れて行く。軽井沢や箱根などに父の車で行った。一度だけハワイに連れて行った。小型犬なので機内持ち込みOKだった。飛行機への持ち込みや検疫の手続き方法、現地のホテルなどはインターネットで調べた。出入国の手続きや検疫には時間がかかったが、両親が対応したので詳しくは分からない。現地ではペット可のホテルに泊まった。レストランやビーチはペット不可なので、食事はテイクアウトが中心になり、ショッピングもあまりできなかったが、ワイキキを愛犬と歩け楽しい思い出になった。

52歳パートタイマー主婦……息子は独立し夫と二人暮らし。犬は2匹、ウエスト・ハイランド・ホワイト・テリアと雑種。マンションに住む。2匹の犬は性格が正反対で一緒に散歩に行けず、1匹ずつ行っている。1匹はどこにも行かずお留守番。1匹は車が大好きで、どこにでも連れて行く。自分も人間だと思っていて、荷物を積もうと用意していると、気配に気付き早く乗せてとアピールする。その子を置いて旅行をしたことはない。仲間と車何台かで嬬恋村や熱海に行った。白馬にはスキーに行った。8月には越後湯沢に2泊で行った。このときは電車で行きペット可のペンションに泊まった。犬はどこに行っても動揺せず、なんでも食べるので旅行はまったく心配ない。

33歳専業主婦……夫と二人暮らし。犬2匹、フラットコーテッド・レトリーバー6歳とチワワ1歳、猫1匹、雑種9歳。ペット可のマンションに住む。犬1匹と猫は結婚するときに一緒に連れてきた。チワワは猫が病気になっていたとき、猫に元気を出してもらおうと飼い始めた。チワワは小さいのでどこにでも連れて行く。車の運転はしないので電車に乗って連れて行く。留守番の2匹にはゴメンネといって出かける。犬と一緒の旅行は嬬恋村によく行っていた。ペットを歓迎してくれる村だ。先日行ったのは谷川岳の山麓にある谷川温泉のペンション。今回はチワワを預けフラットコーテッドを連れて行った。目的はラフティングで、犬用の救命胴衣も買っていった。犬の水泳の練習をしたけれど泳げなかった。犬との旅はとても楽しい。

ペットとの旅は普通の家族旅行

6人6様だが、共通なのはペットが家族の一人になっていること。そして、ペット同伴の旅が特別構えることのない普通の家族旅行となっていることだ。車での旅はまったく問題なく、簡単にペット可の宿を探し出発している。電車や夜行寝台列車、飛行機の利用もそこに苦労や抵抗は感じられない。実際に海外旅行にも出かけていることに驚かされる。しかし、有名旅館に泊まるとか、豪華な名物料理を食べるといったよくある旅へのこだわりはない。赤ちゃんを連れているのだから、ちょっとは我慢しなければ、という程度の不満感は若干感じられるが、それ以上に大切な家族を置いていくことのほうに抵抗を感じているようである。

2 「ペットツーリズム」と「犬旅」

ペット同伴旅行は本当に行われているのか

前項のグループインタビューの6人の話を聞くと、もうすでにペット同伴旅行は当たり前の家族旅行のように行われているように思われるが、もちろん、このグループインタビューは「直近1年間に愛犬・愛猫と1泊以上の旅行に行った人を対象とした」ものであることを忘れてはならない。

それではペットオーナーは本当に愛犬や愛猫を連れて一緒に旅行をしているのだろうか。調査結果から見ていきたい。図表①の調査結果は本書を構成する当「旅の販促研究所」で実施した今回のインターネットによる定量調査の1項目である。サンプル数は2642で調査対象者は一般生活者ではなく、犬または猫の飼育者であり、かつ最近3年以内に国内宿泊旅行と海外旅行を行ったことのある男女である。調査概要など詳しくは後述する。

犬連れ41%、猫連れ13%がペット同伴国内宿泊旅行を経験

図表①は「ペットを連れての旅行経験」を質問した結果である。犬と猫を合わせた全体では、過去日帰り旅行は31・8%、1泊以上の国内旅行は34・7%が経験している。なんと海外旅行も1・3%が経験している。ペットを連れての旅行をしたことはない、と答えた飼い主は50・3%。ちょ

うど半数の人は何らかのペット同伴旅行を経験していることになる。この数字は予想以上にペット同伴旅行が一般化しているといっていい高い経験率といえる。

犬と猫を分けて見てみる。犬連れの旅行を見ると、日帰り旅行経験が37・8％で、小型犬と大型犬は40％を超えている。1泊以上の国内旅行経験はなんと40・8％と高い経験率を示しており、中でも小型犬は44・0％が経験している。また、海外旅行もわずかとはいえ1・6％が経験しているのには驚かされる。未経験率は42・0％と半数をはるかに下回っている。もうすでに多くの犬たちが旅を楽しんでいることが分かる。

猫は犬に比べ経験率がぐんと低くなる。日帰り旅行経験は10・6％、1泊以上の国内旅行経験は13・0％となっているのに対し、未経験率が79・9％と犬の倍の数字になっている。猫は家に置いて出かけやすい、ストレスがかかるのが可哀想、旅先での迷子が心配などの理由によるものと思われる。とはいえ、1割以上が日帰り旅行や宿泊旅行を経験しているのである。

この数値は過去の経験としての数値で、最近3年間の経験率などさらに深掘りした詳細な結果数値と分析は別章に譲る。

「ペットツーリズム」と「犬旅」の定義

すでに日本にはペットを同伴する旅行が存在し、かなり日常的に行われていることが分かってきた。このような「ペット」とかかわる旅行や旅行業、観光事業のことを、「ペットツーリズム（Pet Tourism）」という。しかし、この「ペットツーリズム」は観光業界やツーリズムに関する学会の中でも、まだ明確な定義はされていない。そういう意味では、まだ新しい旅行形態であり、観光事

図表① ペットを連れての旅行経験　(%)

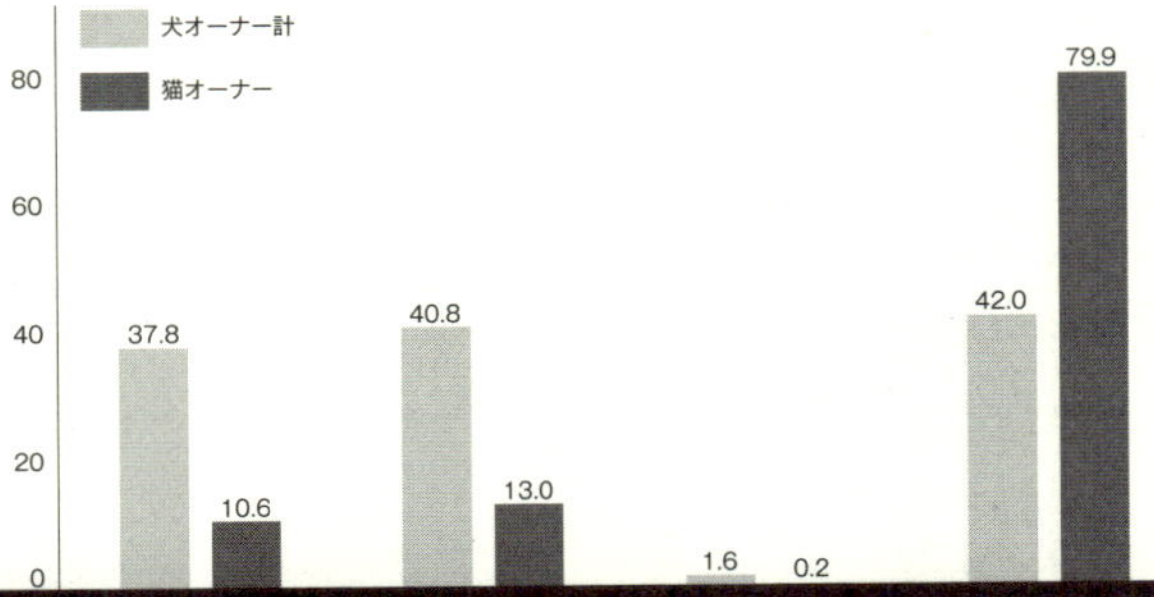

	n	日帰り旅行	1泊以上の国内旅行	海外旅行	旅行したことはない
全体	2642	31.8	34.7	1.3	50.3
犬オーナー計	2066	37.8	40.8	1.6	42.0
小型犬オーナー	1335	40.0	44.0	2.0	38.3
中型犬オーナー	540	30.2	33.1	0.7	51.3
大型犬オーナー	191	43.5	39.8	1.0	41.9
猫オーナー	576	10.6	13.0	0.2	79.9

*旅の販促研究所調査（2007年）

業領域といっていい。

それでは「ペット」とは具体的に何をさすのだろうか。ペット（Pet）とは、愛玩を目的として飼育される生物のことで、一般的には家庭で飼育される動物のことをいい、愛玩動物とも呼ばれる。種類は犬、猫のほかウサギ・モルモット・ハムスター・フェレット・ハリネズミなどの小動物、カナリア・ブンチョウ・インコ・ジュウシマツ・オウムなどの鳥類、金魚・鯉・熱帯魚などの観賞魚、ヘビ・ヤモリ・カエル・カメ・トカゲ・カメレオンなどの爬虫類・両生類、カブトムシ・クワガタなどの昆虫がある。日本でペットを飼育する者は、動物の虐待の防止や公衆衛生の観点から、「動物の愛護及び管理に関する法律」や「狂犬病予防

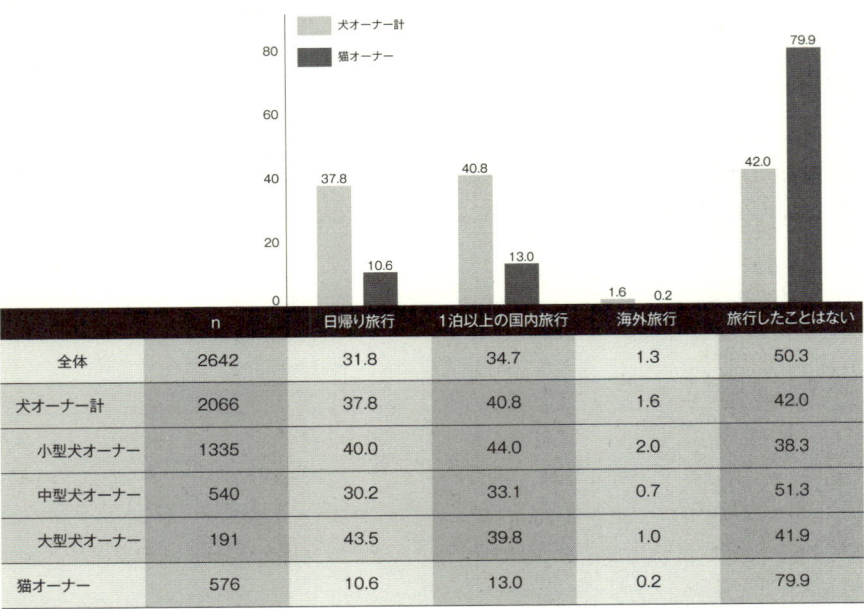

法」などの法令により定められた義務を負うが、前者の「動物愛護法」の中での愛護動物は「牛、馬、豚、めん羊、やぎ、犬、ねこ、いえうさぎ、鶏、いえばと及びあひる並びにこれ以外で人が占有している動物で哺乳類、鳥類又は爬虫類に属するもの」と規定されていて昆虫は含まれていない。

ペットは前述のように広範囲に及び、必ずしも旅行の同伴の対象となるものばかりでない。そこで、私たちは今回の調査の対象を犬と猫に絞ることとした。もちろん、ウサギ・モルモット・ハムスター・フェレットなどの小動物は頭もよく犬や猫と同様に飼い主になつき旅行にも連れて行くことがある。また、爬虫類・両生類も同様だというファンも多いが、まずは飼育数でも圧倒している犬と猫との旅行実態を探ることとした。

「犬旅」の定義は、

犬や猫の飼い主（ペットオーナー）が飼い犬や飼い猫と移動、宿泊、食事、観光などを同一行動する国内、海外の旅行とそれにかかわる観光事業

とする。

前項のグループインタビューの最後に、最近ペットとの同伴旅行のことをインターネットサイトや雑誌などで「犬旅」といわれることがあるが、それについてどう思うかをたずねた。「犬旅」という表現に何の違和感もない。そういわれると、自分たちがしている当たり前のペットとの旅がまさに「犬旅」だと思うと、猫との旅をした人も含め全員が答えてくれた。

第2章

日本のペット事情

1 ペット飼育の現状

犬は1210万匹、猫は960万匹

現在、日本では驚くほど様々なペットが飼育されている。ペットフード工業会の調査（２００６年）によれば、図表①のように２人以上世帯では犬23・4％、猫13・2％、金魚8・8％、メダカ5・5％、熱帯魚5・1％、カメ3・5％、小鳥3・1％が飼育されている。最近人気のフェレットは0・3％であった。逆に何も飼育していない世帯は51・6％だった。概ね半数の世帯は何かのペットを飼っているということになる。

この調査によると、２００６年時点で犬が約１２１０万匹、猫が約９６０万匹でなんと合計約２１７０万匹飼育されていると推計されている。日本の一般世帯数が４９０６万世帯（２００５年国勢調査）であることを考えると、ペットがいかに多くの家庭で飼育されているかが分かるだろう。２人以上世帯では、犬が１０８５万匹、猫が７９３万匹。単身世帯では、犬は１２４万匹、

図表① ２人以上世帯のペット飼育状況 現在飼育（n=23018）（%）

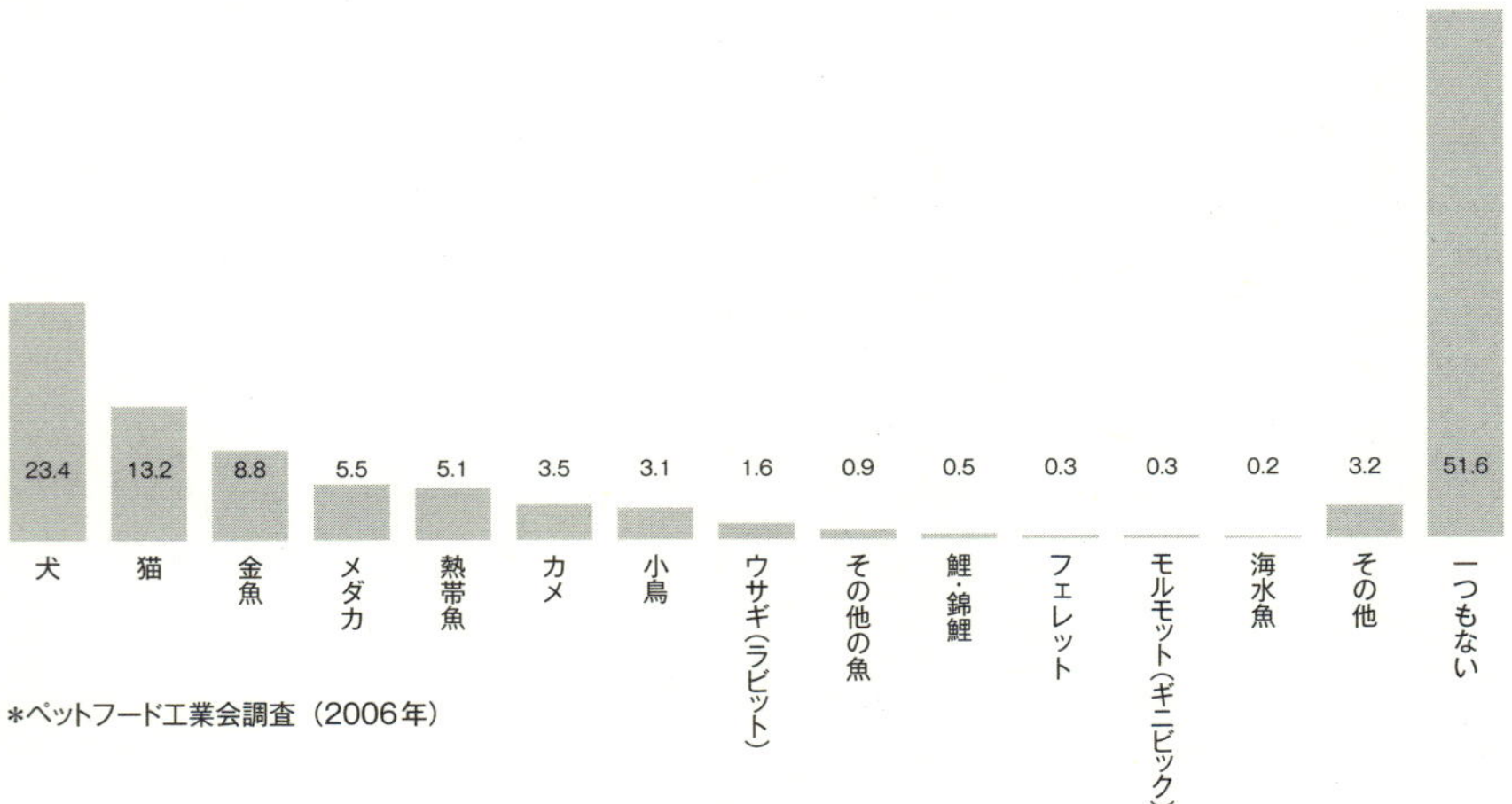

＊ペットフード工業会調査（2006年）

猫は167万匹と、犬より猫の飼育数が多い。

次に時系列で見ると、ペット数の増減はどうなっているのか。図表②を見ていただきたい。2004年から2006年の間で見ると、犬は2005年に増加したものの、2006年では減少、猫に関しては2年連続で減少している。さらに長期間で比較したいが、ペットフード工業会の調査では2003年以前と以降で調査方法が異なるため、比較をすることができない。そのため、1994年と2003年の飼育数を比較してみると次のようになる。1994年では、犬は907万匹、猫は718万匹、2003年の調査では犬が1114万匹、猫が809万匹である。10年の間に、犬は1・2倍、猫は1・1倍に増加しているが、増加の一途とはいっていない。人口減少時代に突入している日本においてのペット飼育数の増加は一服感という状況であろう。

ペットの飼育数がこの十数年、大きく増加していないにもかかわらず、ペットブームであるといったり、実際、ペットと一緒にいる場面をよく見るようになったのはどうしてだろう。それは、ペットの飼育形態やペットの種類が変化してきたためで、その変化の中でペットに対する飼い主の感覚が大きく変わってきたからであろう。同時に、社会全体のペットの認識も様変わりし、それ

図表② 犬猫の飼育匹数推移　単位：千匹

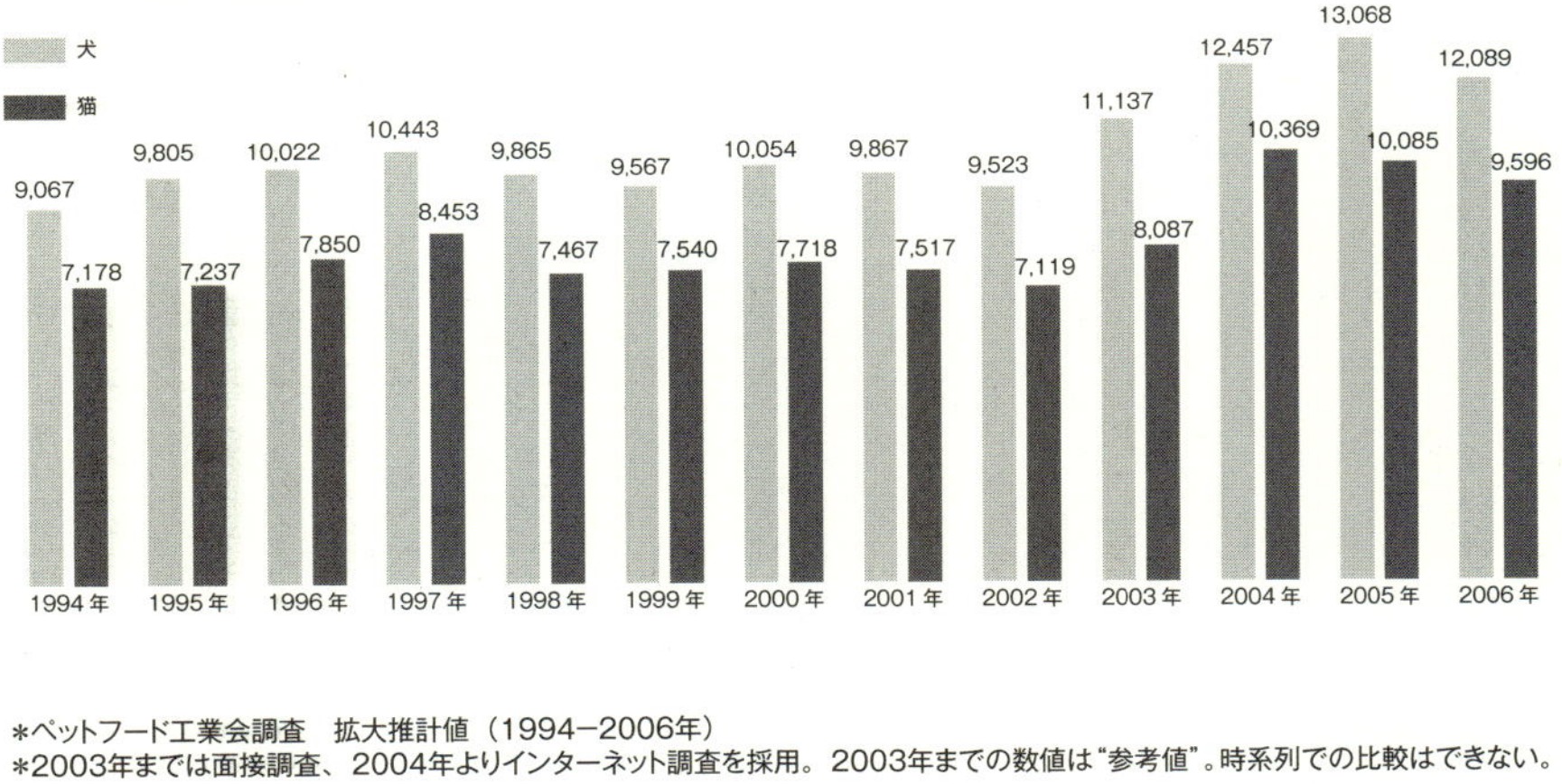

＊ペットフード工業会調査　拡大推計値（1994−2006年）
＊2003年までは面接調査、2004年よりインターネット調査を採用。2003年までの数値は“参考値”。時系列での比較はできない。

に対応しペットビジネスが拡大していったことも大きな理由だろう。

家の中で暮らすようになったペット

これらの犬や猫はどこで暮らしているのだろうか。ひと昔前であれば、猫はともかく、犬は屋外で飼われるものだった。犬が家にやってくると、庭に犬小屋を建てるという光景が当たり前で、番犬としても外にいてもらわないと困ってしまう。しかし、最近では、屋内で飼育される犬が多くなってきている。

ペットフード工業会の調査（２００６年）によれば、２人以上の世帯では、主に屋内で飼育されている犬が63・1％、猫が81・0％となっている。一方、主に屋外で飼育されている犬は、28・8％、ほとんど室外で飼育されている猫は4・1％である。屋内で飼育されている犬や猫が圧倒的に多い。これを、純粋犬と雑種犬に分けて見てみると、純粋犬は77・3％が屋内で飼育されているのに対し、雑種犬は64・1％が主に屋外で飼育されている。このことから分かるように、現在の日本では、純粋犬を屋内で飼うというスタイルが一般的になってきているといえるようだ。

小型犬の時代

過去を振り返ると、大型犬のラブラドール・レトリーバーやまんが「動物のお医者さん」のシベリアン・ハスキーなどが、人気を博してきた。最近では、チワワやトイ・プードルなどがテレビに登場する姿がよく見られる。社団法人ジャパンケネルクラブによれば、２００７年の犬種別犬籍登録数のランキングは、1位ダックスフンド、2位チワワ、3位プードル、4位ヨークシャー・テリア、5位ポメラニアン、6位パピヨン、7位シー・ズー、8位ミニチュア・シュナウザー、9位フレンチ・ブルドック、10位マルチーズとなっている。このランキングを見て分かるように、10位までがほぼ小型犬で占められているのである。ダックスフンドやプードルは種類によってサイズが異なるが、ミニチュア・ダックスフンドやトイ・プードルといった小型の種類が大きな割合を占めており、ここにも近年の日本人の小型犬嗜好が表れている。ペットフード工業会の調査（2006年）によると、2人以上世帯では、1998年には小型犬とされる10kg以下の犬の飼育数が50・1％だったのに対し、2006年では66・2％と増加している。5kg以下の犬に注目すると、2006年は32・9％と、小型犬の中でもより小さいものが好まれている傾向が分かる。

ペットの高齢化が進む

一般的に、ペットは7歳を超えると高齢といわれる。8歳の犬を人間の年齢に換算すると、小・中型犬では48歳、大型犬は61歳、猫では44歳になる。ペットフード工業会の調査（2006年）によれば、犬では37・4％が、猫では38・1％が7歳以上の高齢である。室内で飼うことにより屋外で飼うより危険性が少なくなったことや、ペットフードを食べるようになったこと、医療の進歩などが原因にあげられる。

ペットも高齢になると排泄が難しくなる、散歩をおっくうがるなどの生活スタイルの変化が起こり、さらにがんや痴呆などの病気になりやすくなる。これらに対応するため、高齢ペットのための介護施設が開設される時代になっている。

2 ペットマンションの急増

ペットが飼えない事情

2003年に行われた動物愛護法に関する世論調査によると、ペットを飼っていると回答した人は、全体の36・6%、飼っていないと回答した人は、63・4%であった。飼っていないと回答した人に、ペットを飼わない理由を聞いたところ、「十分に世話できないから」(46・5%)、「死ぬとかわいそうだから」(35・0%)に次いで、「集合住宅（アパート、マンションなど一戸建てではないもの）であり、禁止されているから」(24・6%)という回答が多い。このことから考えて、集合住宅でペットが飼育できるようになる、またはペットが飼育できる集合住宅が増えた場合、ペットを飼う人が増加することは想像に難くない。そして実際のところ、そのような状況は、すでに進行中なのだ。

公園の散歩

ペットの飼えるマンションの急増

2007年に発表された不動産経済研究所の調査によると、2006年首都圏に供給されたペット可マンションは約5万5千戸で、普及率は75％となった。新規マンションのうちペットを飼えないマンションのほうが今や少数派ということになる。ちなみに、普及率のトップは東京多摩地区で80％となりそのほかのエリアでも70％を超える。１９９８年の調査結果によると、首都圏のペット飼育可能新規マンションは７００戸程度であり、驚異的な伸び率であることが分かる。

ペット可マンションが増加したきっかけになったのは、１９９７年の国土交通省（当時、建設省）の「中高層共同住宅標準管理規約」の改正だと考えられる。この改正では、ペット飼育が「管理規定に定めるべき事項」として記載された。集合住宅でペットは飼えないということが当然のように考えられていた時代から、ペットを飼ってもよいマンションがあるということが明らかにされる時代となったのである。１９９０年代といえば、バブル景気が終焉を迎え、不景気に世の中が沈んだ時代である。その中で、ペットが飼えることは、マンション販売会社にとっては他のマンションとの差別化となり、消費者にとっては一戸建てをもたずともペットを飼育したいというニーズが満たされることになったのだろう。この改正に歓迎を表すように、ペット飼育可能新規マンションの戸数もシェアも増加を続けている。

さらに、新規マンションだけでなく、今までペット飼育を禁止していた賃貸や分譲のマンションにおいても、次々にペット飼育可とする規約変更をする管理組合が増えてきているという。

ペットマンションの種類

ペット飼育可能なマンションといっても、その内容は様々であり、次のように分類することができる。

・ペット可マンション

ペットの飼育が許可されているマンション。設計・管理等ペットを飼うことは前提になっていない。そのため、住人の中には、ペット嫌いもいる可能性も高い。近年、管理規約を変更し小型犬や猫などは飼育可とした既存のマンションなどがこの種類となる。

・ペット共生マンション

ペットと暮らすことを前提に設計・管理されており、多くの場合、共用部分に足洗い場やリードフックなどのペット飼育専用の設備が設置されている。マンション管理規約でもペット飼育が前提で、トラブルを防ぐための規則も備わっている。ペット飼育者の入居が優先される場合もあるが、もちろんペット非飼育者も入居できる。

・ペット専用マンション

ペット共生マンションの一歩進んだ形のマンション。まだ数は少ないが、ペットの愛好者を対象にしたマンションで、基本的にはペット飼育者のみの入居となる。ペット用設備はもちろん、ペット用のサロン、病院、ホテル、ドッグランなどペット用の施設が付帯されている、まさにペットのためのマンション。

また、共生マンションや専用マンションの場合でも、小型犬や猫に限られている場合が多いが、大型犬専用マンションなども登場している。

ちなみに、前述した不動産経済研究所の調査結果によれば、新規マンションのうち、「足洗い場」やペット乗用を知らせる「ペットサイン付エレベーター」などのペット飼育専用の設備のあるペット可マンションは62・6％。もうすでに、ただ単にペットを飼育することが可能なだけでなく、ペットを飼うための様々な配慮がなされているマンションが、首都圏には多数存在している。

UR賃貸住宅でもペットが飼える時代に

UR都市機構（独立行政法人都市再生機構）は、旧公団住宅を管理している独立行政法人である。公団住宅といえば、「ペットが飼えない」住宅の代表格の印象がある。しかし近年、UR都市機構の管理するUR賃貸住宅にも、「ペット共生住宅」が次々に誕生している。

この「ペット共生住宅」は、足洗い場やリードフック、エレベーターのペットボタンなどが共用部分に設置されているほか、専用部分では壁紙が交換のしやすいモールディング仕様になっているなど、ペットを飼育しやすいつくりになっている。

また、ペットを飼育する入居者は、「ペットクラブ」という住民の自主活動組織に加入することが義務付けられている。そのほかに入居条件として、犬は狂犬予防法に基づく登録を受けていること、猫に関しては去勢手術が行われていること、マイクロチップの注入を行うことなどが求められている。ペットの暮らしやすい環境が提供され、飼育者側のマナーやペットの管理を徹底するというペット共生のためのシステムが確立されている。UR都市機構がペット共生に本格的に取り組んでいる様子がよく分かる。

UR都市機構が、ペット共生住宅を提供し始めたことは、現在ペットを集合住宅で飼うスタイルが一般化していること、今後その状況が加速していくことを象徴しているといえるだろう。

3 ペットブームの背景とペットビジネスの可能性

ペット番組の人気

「ペット大集合！ ポチたま」は、2000年に放送が開始され、現在も人気を博しているテレビ番組である。内容は、様々なペットについての特集や、〝だいすけ君〟というラブラドール・レトリーバーと人間の旅の模様などで、〝ペットと接する楽しさを疑似体験できる癒し系バラエティー〟と銘打たれている。この番組をはじめ、「どうぶつ奇想天外！」、「天才！志村動物園」などのペット番組が、ゴールデンタイムと呼ばれる時間帯にレギュラーで放送されている。他の時間帯にある番組や、「めざましテレビ」の〝きょうのわんこ〟などの番組内コーナーなどを含めれば、ペットに関するテレビ番組は数多い。いずれも人気の番組、コーナーだといわれる。これらのテレビ番組の背景となっているのが、今日のペットブームである。

現在は第二次ペットブーム

日本は、現在、1990年代後半から始まった「第二次ペットブーム」にあるといわれている。チワワやトイ・プードル、ミニチュア・ダックスフンドなど、小型犬が中心となるブームである。ちなみに、「第一次ペットブーム」は、1980年代半ばから1990年代初頭にかけて起こったブームのことをさす。このブームで中心になったのは、シベリアン・ハスキーやゴールデン・レトリーバーなどの大型犬。広いマイホームを持つ家庭中心に起こった。つまり、都心部に一戸建ての家を持つ富裕層や郊外にマイホームを建てた中間層が中心となった。一方、今日のブームは、ペット飼育可能なマンションの増加が背景となっていて、幅広い層がブームを牽引しているのが特徴といえる。

この二つのブームを経る中で、ペットは、それまでのように生活の役に立つという存在ではなく、「家族」として扱われるようになってきている。このように、「家族」として扱われるペットは、「コンパニオンアニマル（伴侶動物）」とも呼ばれている。

今回行った調査の結果、図表③を見ていただきたい。ペットがどのような存在であるかという質問に対して、家族、癒し、子供の順で回答した人が多い。犬オーナーでは、これにガードマン（番犬）、友達と続き、猫オーナーでは、友達、相棒と続く。家族と回答した人はなんと80％以上にのぼる。小型犬でも大型犬でも、猫であってもそれは同じであった。ペットを家族と認識することはまったく不自然ではない時代となっていることが確認できる。

図表③ ペットの存在　(n=2642)（%）

＊旅の販促研究所調査（2007年）

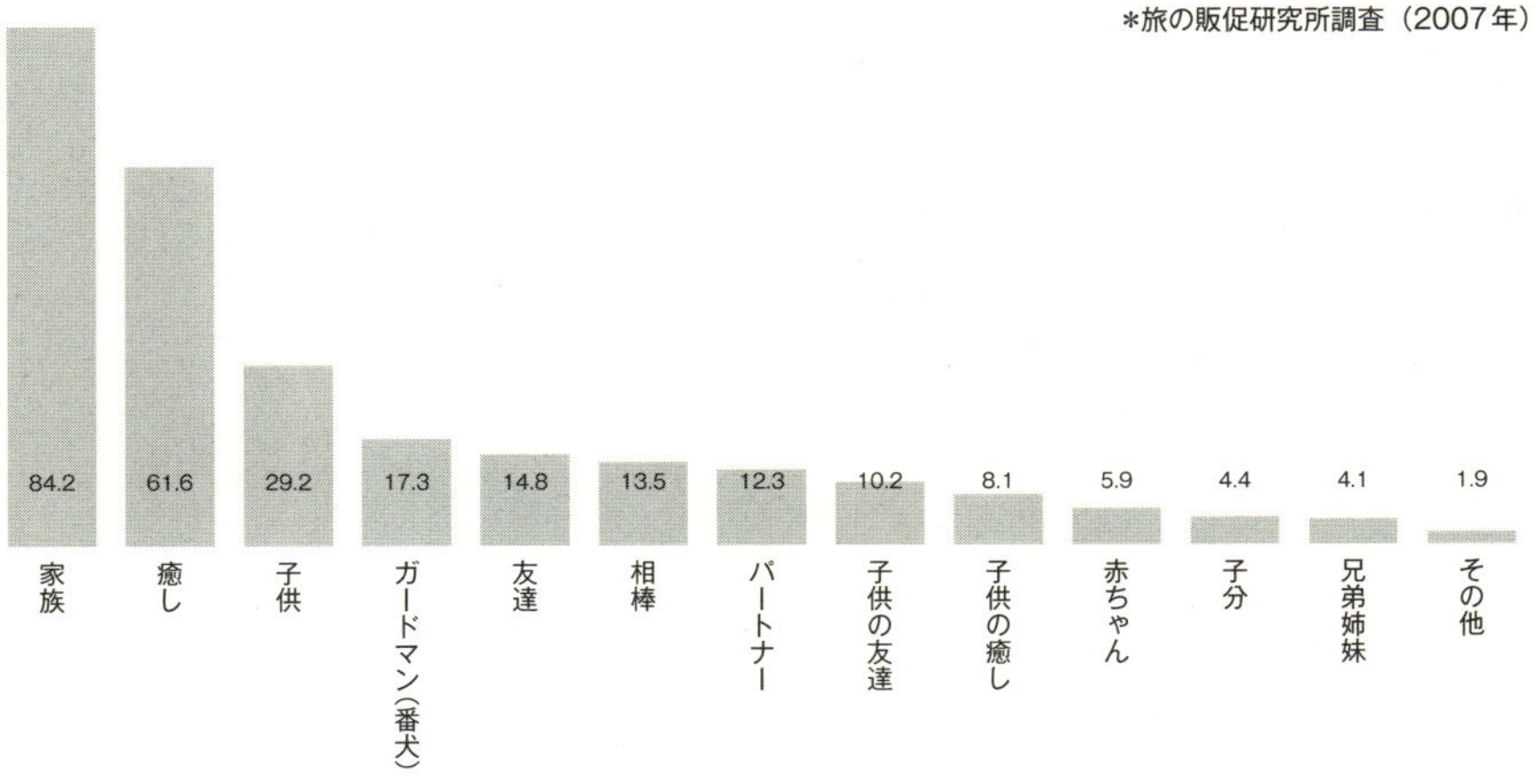

ペットの家族化の背景

欧米では、食べるための動物、牧畜管理のための動物など、そもそも、人間の役に立つものとして動物が飼育され、現在のペット観につながっており、それに対し、農耕文化が中心だった日本では、人間を助けるためのパートナーとして動物が飼育されていたため、家畜に人間同様の愛情を注ぐ文化が形成された。この家畜愛護文化が現代にも受け継がれ、ペットブームにつながっているといわれている。日本には、ペットが家族として扱われる土壌が備わっていたのである。

社会学者の山田昌弘氏は、著書「家族ペット」の中で、今のペットブームが昔と大きく変わった点は、ペットに対する「人の態度」と考察している。具体的には長生きさせるためにペットの健康に気を遣う、ペットの気持ちを気にする、などである。ペットへの態度と人間の子供への態度が似ているのだ。ペットに対して深い感情的かかわりをする人々が増えたことが、ペットが家族になったということの象徴ともいえる。

戦後の高度成長期から１９９０年代半ばまでは、豊かな家庭を築くことが第一優先事項であり、ペットを家族として扱う経済的余裕はなかったが、１９９０年代後半以降の格差社会の中で、「世話をしたい」、「お金をかけたい」という欲求の新たな行き場を探している富裕層、現実の生活に行き詰まりを感じ始めた下流層の「本当の家族」の投影物としてペットが選ばれたことが、ペットの家族化につながっているとしている。

ペットビジネスの可能性

山田氏によれば、拾ってきたペットであっても、高いお金を払って購入したペットでも、ペットオーナーたちがペットを家族とみなせば、ペットを育てるのにお金をかける。そこにビジネスが生まれる。ペットビジネスは子供ビジネスと似た構造となっている。また、ペットビジネスは、ペットオーナーの「かけがえのなさ」や「自分らしさ」を体験するお手伝いをするビジネスであるとも分析している。

このペットブームは一過性の流行でなく、文化としての定着が見られ始めている。文化は確実に関連の産業を発展させる。そういう意味では、ペットビジネスの発展の可能性は大きい。

日本は少子高齢化による市場縮小が着実に進行している。その中で、ペットという新たな「家族」の存在は、少子化による市場縮小に対抗する需要が創出できるのではないかという予想がある。ペット生体、ペットフード、ペット用品がペットビジネス御三家と呼ばれ、拡大基調にあり、もうすでに過当競争時代に入ったともいわれている。ペット医療も安定成長期にある。ペットサロン、ペットホテル、ペットシッター、ペット保険、ペット葬儀、ペットファッションなど様々なペット向けサービスも成長期に向かっている。ペットビジネスのマーケットサイズは1兆円を超え、毎年拡大しているといわれている。

ペットと一口にいっても、犬・猫などの動物の違い、大型犬・中型犬・小型犬などのサイズの違い、純粋種・雑種ごとの違い、年齢の違いなどにより、求められるものが異なる。ペットフードコーナーをのぞいてみるだけでも、いかに細分化したビジネスが可能かということが分かる。また、ペット市場におけるニーズとは、すなわちペットオーナーのニーズである。ペットオーナーには、当然のことながら性別、年齢層、思想、ライフスタイルまで様々な人々が存在する。それだけ広がりのあるマーケットであり、可能性を秘めたマーケットであるといえるだろう。

Column❶

いまどきの犬の名前——日本・アメリカ・イギリス——

日本は〝チョコ〟、〝マロン〟などスイーツ系が人気

犬旅には直接関連する事柄ではないが、日本と外国の犬の名前を比べてみると、犬に対しての意識の違いが垣間見えるかもしれない。

まず、日本について人気の名前を紹介したい。動物の健康保険を手掛ける「アニコム」(2007年発表)によると、犬の名前1位は〝チョコ〟となっている。以下、ベスト10は順番に、〝マロン〟、〝モモ〟、〝ソラ〟、〝ハナ〟、〝ココ〟、〝ショコラ〟、〝サクラ〟、〝ナナ〟、〝モカ〟と続く。

全体的にスイーツ系の名前が人気であり、〝チョコ〟は雄犬で1位、雌犬でも5位、〝マロン〟は雄犬で2位、雌犬で6位と雄雌問わず、命名されているようである。長年続いているこの調査によると〝タロウ〟、〝ジロウ〟という2大巨頭は2007年のベスト10で圏外となっている。

アメリカ・イギリスは〝MAX〟が一位、ベスト10は人間の名前

一方、アメリカは、同じくペットの保険を手がける「VPI PET INSURANCE」(2007年発表)によると、トップから〝MAX〟、〝MOLLY〟、〝BUDDY〟、〝BELLA〟、〝LUCY〟、〝MAGGIE〟、〝DAISY〟、〝JAKE〟〝BAILEY〟、〝ROCKY〟がベスト10とのことである。

〝MAX〟は、長年にわたりトップのようであるが、理由は単語が短音節で人間だけでなく、ペットにも認識しやすい名前であること。また、命令するときにも、〝Come on Max〟などといいやすいことも理由にあるようだ。日本の現在のトップ10に比べると、人間の名前と同じものが多く入っており、例えば、〝JAKE〟は男の赤ちゃんの名前でトップであり、〝BELLA〟は女の赤ちゃんで4番目である。

同じくイギリスについてみてみると、〝MAX〟、〝BEN〟、〝BUSTER〟、〝TYSON〟、〝LADY〟、〝JACK〟、〝SAM〟、〝CHALIE〟、〝MOLLY〟、〝TARA〟という結果が、イギリスの犬専門ペット雑誌の「K9 MAGAZINE」（2005年）に掲載されている。同じ英語圏でありながら、トップの〝MAX〟は一緒なものの〝MOLLY〟を除けば、異なる名前がトップ10となっているのが興味深い。しかし、イギリスにおいてもアメリカ同様人間と同じ名前が多く入っている傾向が見られる。

名前の差は犬への意識の違いから

日本人の赤ちゃんの名前は、明治安田生命の調査によれば2006年生まれの男の子の名前は、陸、大翔、大輝、蓮、翼と続く。それぞれ親の思いが込められた名前であり、犬の名前としてはちょっと厳しそうだ。女の子の名前は、陽菜、美羽、美咲、さくら、愛と続く。さくらや愛など犬の名前にもなりそうなものもあるが、犬の名前として通用するものは多くない。過去人気のあったタロウ、ジロウを別にすると、一般的であった〝ポチ〟、〝チビ〟、〝シロ〟、〝コロ〟、〝ラッキー〟とおおよそ人の名前としては通用しないものが多かったように思える。

日本でも、犬はもちろん家族の一員として捉えているものの、やはり人ではなくペットとしての犬という存在なのだろうか。アメリカやイギリスはより積極的に犬を人間的に捉えているのだろうか。その差が犬の名前の付け方にも表れているのかもしれない。

草原にて

第3章

ペットビジネスの現状

1 ペットショップの現状

ペットショップのデパート化と専門店化

もうすでに、ペットビジネスは様々な広がりを見せ大きなマーケットに成長している。そのペットビジネスの代表格はなんといっても身近な存在でもあるペットショップといえるだろう。

ペットショップの数は全国で1万を超えているといわれる。ペットショップの近年の傾向はペットフードやペット用品の豊富な品揃えだけでなく、ペットサロンやペットホテルなどのサービス施設も備えるデパート化と、ブランド商品や自家製ペットフードなど特定のものに商品をしぼる専門店化が進んでいる。また、ペットビジネスにはペットショップ以外の異業種参入も相次いでいる。第二次ペットブームと呼ばれる現在、ペットビジネスも大きく変動を続けている。

ペットの成育に直接関係しないペットサービスの伸長

図表①のように2005年度のペット関連ビジネスのマーケットサイズ（小売ベース）は、1兆551億円といわれており、2004年度と比較すると、359億円増、3・5％の伸びとなっている。（産経新聞メディックス調べより）その内訳は、ペットフード3946億円、ペット用品1776億円、関連サービス4829億円となっている。ペット用品には、トイレ類や衣類・アクセサリー類、シャンプー類が、関連サービスには生体や葬儀などが含まれている。

ペット用品の中で、２００４年度と比較して伸びているものを、伸び率の順にあげてみると、マット・ベッド類、トイレ、トイレ用シーツ、衣類・アクセサリー類、トイレ用砂、キャリーバッグ、消臭剤、グルーミング関連商品……となっている。まず、マット・ベッド類やトイレ類などペットを屋内で飼育するための用品が伸びていることが分かる。消臭剤が伸びているのも、屋内でペットを飼育する際に必要なものだからと考えられる。衣類・アクセサリー類やグルーミング関連商品など、ペットの生育に直接関係しない商品も大きく伸びているのも特徴的だ。ただ育てるだけではなく、

図表① 2005年度ペット関連ビジネスのマーケットサイズ

（小売ベース　単位:億円）

		2004年度	2005年度	前年比(%)
ペットフード	ドッグフード[ドライ]	1,152	1,135	98.5
	ドッグフード[ウェット]	358	335	93.7
	ドッグフード[セミモイスト／半生]	93	103	110.5
	ドッグスナック	569	606	106.5
	キャットフード[ドライ]	666	711	106.7
	キャットフード[ウェット]	785	778	99.1
	キャットスナック	35	38	109.3
	フィッシュ用フード	102	96	94.5
	小動物／鳥用フード	151	143	95.0
	小計	3,911	3,946	100.9
ペット用品	ハウス類	135	132	97.8
	マット・ベッド類	17	25	147.1
	キャリーバッグ	44	49	110.4
	首輪類	88	90	102.2
	衣類・アクセサリー類	63	73	115.8
	玩具	70	71	102.0
	トイレ	27	36	131.8
	トイレ用シーツ（犬・猫用）	248	303	122.1
	トイレ用砂	227	251	110.6
	消臭剤	32	34	107.5
	シャンプー類	48	48	101.0
	除虫関連商品	72	72	100.1
	グルーミング関連商品	60	63	105.8
	食器・給水器・給餌器	24	25	102.2
	しつけ関連用品・他	120	126	105.3
	フィッシュ用用品	280	267	95.4
	小動物・鳥用用品	120	110	92.0
	小計	1,675	1,776	106.0
関連サービス	生体	1,148	1,150	100.2
	病院	2,621	2,768	105.6
	トリマー・美容・スクール	286	298	104.1
	ペットホテル・ホテル・ペンション	170	188	110.5
	葬儀	117	129	110.1
	散歩代行・シッター他	264	296	112.3
	小計	4,606	4,829	104.8
合計		10,192	10,551	103.5

※産経新聞メディックス調べ

ペットに人間と同様な生活をさせてやりたいという現代のペットオーナーたちの姿が垣間見える。

関連サービスでは、ペットホテル・ホテル・ペンション、葬儀、散歩代行・シッターなどが二桁の伸びを示している。ペットホテル・ホテル・ペンション、散歩代行・シッターなどが伸びていることからは、核家族化などにより外出時に家族や知り合いにペットを預けられなくなったペットオーナーの事情と、ペットをただ家に置いていくことができなくなったペットオーナーの心情が察せられる。葬儀ビジネスの拡大は、ペットの家族化や高齢化が背景として考えられるだろう。マンションでの飼育の場合、自分で埋葬をするのも難しい。大切な家族であるペットを手厚く葬るためにも、葬儀ビジネスはさらに必要とされていくと考えられる。

多様化するペットフード市場

ペットフード市場は、フィッシュ用フード、小動物・鳥用フードが減少し、犬用フード、猫用フードが増加している。ペットフード工業会の調査（２００６年）によれば、犬、猫を飼育している2人以上世帯では、主食のペットフードの利用状況は、犬の場合「ほとんどドッグフード」、「7〜8割以上」を合わせて約80％、猫の場合「ほとんどキャットフード」、「7〜8割以上」を合わせて約76％であり、ペットに与える食事はペットフードが主流になっている。

ペットの健康管理のため配慮していることで、「年齢に合わせた食事を与えている」という回答をした人は、犬オーナーで58・2％、猫オーナーでは44・7％となっている。また、猫の場合、「機能性のある食事を与えている」が37・2％にのぼった。また、ペットフード利用の2人以上世帯で、「ペットフードでとても重視している」ことは、一番にペットの好み、二番が安全性で、価格重視を上回る。値段は高くなっても、ペットに合った安全な食事を与えたいと考えるペットオーナーが多いことが分かる。小型犬種が人気である現在、消費量そのものの大幅な増加の可能性は低いが、１匹にかけられる食費は増加する可能性が高い。ペットフードの主な購入場所は、ホームセンター・ディスカウントショップが52・６％を占め、ペットショップ、スーパー、インターネット通販、ドラッグストアと続いている。ペットフードの主な購入場所としては、まだ８・５％ではあるが、ペットビジネスにおいてインターネット通販は、２０００年以降増え続けている。

インターネット通販はペットフードだけでなく、ペット用品やペット生体、ペット関連サービスまで充実している。インターネット店舗のみで実店舗をもたないペットショップも多い。ちなみに、現在、大手インターネットショッピングモールの楽天には、ペット・ペットグッズカテゴリーに２３００以上の店舗がある。（２００８年１月現在）

ペットの「家族化」による市場の広がり

ここまで見てきたように、ペット関連市場は多様化している。中・大型犬中心、屋外飼育中心から小型犬中心、屋内飼育中心へと移り変わる中で、ペット飼育に必要なものが変化していることが理由のひとつと考えられる。そして、ペットオーナーのペットが「家族」であるという認識の高まりによる、ペットに家族として適切な生活を送らせてあげたいというニーズもペット関連市場の変化に大きな影響を与えている。ペットオーナーがペットにお金をかける分野が拡大しているのである。では、ペットショップ以外のビジネスは実際にはどのようなものがあるのだろうか。次項より実例をあげて見ていきたい。

2 ペット医療の現状

高度化が進むペット病院

２００４年にアニコムどうぶつ保険に加入した犬の加入後1年間の請求レコードより算出した疾患傾向によれば、1〜8歳未満の犬に関しては、消化器疾患が最も多く、皮膚疾患、耳疾患と続く。８歳以上の犬もこれらの疾患は多いが、1〜8歳未満の犬と比較して、腫瘍疾患や循環器疾患の割合が多くなるのが特徴だ。（アニコムデータラボ調べ）このように、犬の年齢によっても発生しやすい病気は異なるが、犬の種類によっても異なる。ミニチュア・ダックスフンドは椎間板ヘルニア、チワワでは緑内障などが起こりやすいという。また、皮膚トラブルを引き起こす食物アレルギーをもつペットもおり、アレルギーに対応したペットフードも発売されている。

では、これらのペットの病気に対する医療環境はどうなっているのだろうか。農林水産省によれば、犬や猫、小動物、そのほか動物を対象にした飼育動物診療施設は、９７２９施設。国公立施設もあるが、法人経営が２４４８施設、個人診療施設が７１３３施設と町でよく見かける個人診療施設が多くを占めている。（２００６年12月時点）

水遊び

これらの病院の中には、高度医療が可能な施設が次々と誕生している。輪切りにされた数百枚の画像を撮影し、小さな病巣でも発見可能とするCTスキャン。この技術もペット医療に取り入れられている。インターネットサイト「だいじょうぶ？　マイペット」に掲載されているだけでも、全国70以上の施設でCT検査が可能だ。大学病院に限らず民間の病院でも設置されており、他の獣医師の治療を基本とし、検査だけを行える二次診療施設も存在している。料金は数万円と高額で、手軽に受けられる検査とはいえないが、ペットのことを考えれば支払えるというペットオーナーも多いのだろう。

そのほかにも、ペットオーナーのペット医療への意識の高まりを背景に、ペット医療の進歩を表す施設が存在している。ひとつは、ペットのためのがんセンター。一部では、放射線治療も行われている。手術技術の進歩としては、内視鏡手術ができる獣医師もいる。手術後、リハビリのできる温水プールなどの専用施設・専門の看護士などを擁する病院もある。

病気の検査・診断から始まり、手術、リハビリまで、ペット医療は、人間の医療に近づいてきているといえるだろう。

安心して医療を受けさせるためのペット保険

ペット医療は進歩し、高度な治療をペットに受けさせることができるようになってきた。ただし、高度であればあるほど高額の治療費が必要となる。ペットの医療費は、全額負担が基本であり、ペットオーナーの家計を圧迫することもある。

その解決のために生まれたのが、「ペット保険」である。ペット保険の誕生の地はイギリスであり、30年以上の歴史がある。イギリスでは銀行や一流デパートでもペット保険は販売されるほど浸透している。アメリカやオーストラリア、ドイツなどのヨーロッパ諸国のほとんどの国でもペット保険が扱われている。日本では、20年ほど前に「ペット保険」を扱う事業者が数社誕生、失敗に終わっていたが、最近のペットブームにのって、再度注目を浴びている。富士経済によれば、２００６年には40万件以上の申し込みがあったといわれている。

「ペット保険」という名称は、厳密にいえば正しい名称ではない。多くの「ペット保険」は、監督省庁も根拠法令もない、共済として運営されている。大手では、任意団体の会員になって、会員向けサービスの「保険」に加入という形式が多い。ただし、２００６年4月1日から施行された改正保険業法により、その仕組みも変わろうとしている。２００８年3月までに、無認可共済は、免許を取得して保険会社になるか、少額短期保険会社になるか、廃業するかを選択しないといけなくなった。ペット保険も、今後は正式な「保険」になっていく可能性がある。ちなみに、アリアンツ火災海上保険は、日本で初めて金融庁の正式な認可を受けたペット保険を販売している。

ペット保険とはどのようなものか、1社を例に見てみよう。補償対象は、通院、入院、手術。年間限度は、通院・入院は20日、手術は2回。犬・猫ではワクチン接種済みの幼犬・幼猫から、８歳11ヶ月まで、鳥・ウサギ・フェレットの場合は、５歳11ヶ月までが加入可能。加入時に健康体であることが条件である。地域や種類によって支払い金は異なり、給付金は、対応病院では窓口で負担分のみ支払い、未対応病院では一旦窓口で治療費全額を支払い後、書類提出、審査の後、受取口座に振り込まれる形式になっている。妊娠・出産や去勢、契約者・給付金受取人による行為が原因のものは給付対象にならない。こう見ていくとほとんど人間の医療保険と変わらない。

ペットとの別れ、葬儀ビジネス

ペット医療が発達しても、いずれペットの死は訪れる。ペットとのつながりが強まるにつれペットとの死別は以前にもましてペットオーナーに大きなダメージを与えるようになっている。ペットを失ったことによって引き起こされるペットオーナーの、胃潰瘍などの身体的疾患、うつ病や不眠などの精神的疾患のことをペットロス症候群という。

ペットが家族として扱われるようになった昨今、ペットロス症候群になる人は多い。その治療には、精神科によるセラピーなどの方法があるが、別の方法として、ペットの死を受け入れる儀式を行う、いわゆるペット葬儀がある。葬儀には様々な形式があるが、ペットのための祭壇を設け、僧侶による読経などが行われる場合もあり、ペットオーナーがペットと「お別れ」を十分にすることができるようだ。

また、ペットが死亡した場合、地方自治体で処分してもらうことも可能だが、ペット共同墓地に埋葬されるところから、ごみとして処分されてしまうところまで対応は様々だ。民間には、火葬場や移動火葬車をもっている葬儀業者もある。また、ペット霊園、ペットと一緒に入ることのできるお墓などもある。２００７年に行われた調査では、関東、近畿地方在住で犬か猫を飼っている人のうち、自分や家族のお墓にペットを埋葬することを「非常に良い」「良い」と回答した人が、58・6％にのぼった。また、ペットをペット専用墓地に埋葬したことがある人は26・5％である。（メモリアルアートの大野屋調べより）ペット用骨壷、位牌、墓石など設備・環境も整ってきており、ペット供養がペットオーナーにとって普通になる可能性は高いだろう。

3 ペット関連サービスの現状

多種多様、人気のドッグカフェ

散歩の途中にふらりとカフェに立ち寄る、しかもペットを連れて。このような光景は、最近では珍しいものではなくなっている。ペット（主に犬）を連れていても入店できるカフェやレストランのことは、一般的に「ドッグカフェ」と呼ばれる。ドッグカフェには、「ペットと入店が可能」という店と「ペットと入店が前提・歓迎」という店がある。

ドッグカフェと一口にいっても、その中身は様々だ。入店可能な場所も、オープンスペースだけ可能な店から、屋内スペースにも入店できる店まで幅広い。メニューに関しても、ペットフードが販売されている店、犬用のメニューが用意されている店、イタリアンやフレンチ、ケーキなど本格派メニューが提供される店など、店主のこだわりによって様々である。また、カフェといっても食事をするだけにとどまらず、サロンやドッグランが併設されているなど、複合施設である店舗も少なくない。犬と楽しめるイベントを開催している店舗もある。

ペットオーナーのマナー違反問題もあり、インターネットサイトでもマナーの徹底をよびかけて

ドッグカフェ

いるところが少なくない。ドッグカフェは、ペットやペットオーナーが、公共の場で過ごすための第一ステップという考え方もできる。

ちなみに、最近話題の「猫カフェ」は、店で飼われている猫とたわむれながら、お茶を楽しめるカフェのことをいう。

進化するペットの食事

ペットの食事は残飯が当たり前だった時代は、もうはるか昔だといえるだろう。人間の食べるものの中には、ペットにとって味付けが濃すぎるもの、ペットの体に悪いものがあるという知識も広がっている。ペットフード売り場を見れば、年代別、種類別にあわせたペットフードが数多く取り揃えられている。コンビニエンスストアでもオリジナルのペットフードが販売されている時代だ。

これだけでも十分に思えるのだが、ペットの食事業界の進歩はそれにとどまらない。

まず、ペットフードにも安全・安心が求められている。この要望に対応するのが、無添加・自然食のペットフードだ。通信販売で専門的に取扱う店舗もある。素材にこだわった手作りのペットの食事のテイクアウト専門店（デリカテッセン）も誕生している。

また、ペットオーナーの手作りも人気だ。ペットのために、栄養価などを考えて、ペットオーナーが手作りするのである。ペット専門雑誌での特集や、インターネットサイトでレシピが公開されているほか、ペットの食事専門の料理教室なども開かれている。レシピ本も、高齢のペット専用のものがあるなどかなり充実している。

人間がご馳走を食べるときには、ペットにも一緒にご馳走を食べさせてあげたいというニーズもある。第一ホテル東京では、犬用メニューもセットになったパーティー料理や犬用ロールケーキのデリバリーサービスを行っている。さらにはスーパーやコンビニエンスストアなどでも犬用のクリスマスケーキ、年越しそば、おせち料理などの販売も行われていることに驚かされる。

驚きのペットサロン・ペットエステ

ペットにまつわる職業のうち、メジャーな職業のひとつが、トリマーではないだろうか。トリマーは、簡単にいってしまえば、ペットのための美容師だ。その美容師が多く所属しているのが、ペットの美容院、ペットサロンである。

ペットサロンで行われる一般的なコース内容は、全身の毛のカット、毛抜きを含む耳掃除、爪きり、足裏や足回りのカット、肛門腺しぼり、シャンプー、ブローなど。泥パックやアロマテラピー、温泉浴を行っている。ジェットスパを備えたペットサロンもある。

ペットサロンに行かなくても、トリミングのサービスが受けられるシャンプーカーでの出張トリミングもある。２００７年に行われた第40回東京モーターショーでは、トヨタ車体がコンセプトカーとして、犬猫の毛のカットやシャンプーのできる設備を搭載した「モバイルトリマー」を出品しており、今後、移動ペットサロンがより一般的な存在になっていくと予想される。

ペットのケアサービスには、トリミングにとどまらず、アロマテラピーなどを含むペットエステや、ペットマッサージ、ペットの湯治など幅広い。ペットサロンには「スパ」という名称をつけているところもあり、現代のペットのケアサービスの種類・質の充実が感じられる。

高級ブランドも誕生、ペットファッション

タカラトミーのリカちゃん人形のシリーズには、「ペットとおそろいおさんぽセット」という服や小物類のセットがあるのだが、その中には「ペット用の服」が含まれており、リカちゃんとおそろいの格好を犬にさせることができる。このように子供用のおもちゃにも登場するほど、犬におしゃれをさせることは一般的になっている。ペット用の雑誌やムック本を眺めても、多くの表紙に写るモデル犬は服やアクセサリーを身につけている。

ペット用洋服の実用的な面としては、ペットの体温調節、雨よけ、ペットの毛が飛び散らないための配慮などがあげられる。ただ、これだけが理由とはいいがたい。

ペット用の洋服には、着物や浴衣、ウェディングドレス、サッカーユニフォームなどもあり、値段も人間用並み、それ以上するものもある。「高級犬服」専用のブティックやインターネットサイトも次々に誕生している。シャツ、ブラウス、セーター、ジャケット、コートは勿論、ドレス、スーツ、ツーピース、水着まで揃っている。さらに、帽子、スカーフ、ネクタイ、ネックレス、ジュエリーも用意され、中には数万円もする高級ブランド商品もある。

また、一般公募制の「ペットファッションショー」や、合格すればペットタレントとして登録されるオーディション「ホリプロワンワンスカウトキャラバン」、雑誌モデルなど、おしゃれをさせた自慢のペットをお披露目する機会が数多く設けられていることから、自分が愛するペットにおしゃれをさせて、自慢したいという欲求もペットファッション拡大の大きな理由といえるだろう。

4 ペット留守番サービスの現状

様々なペット留守番サービス

家の中に機材を設置しておけば、携帯電話を使って外出先でも家の様子を見ることができる、そんなサービスが話題になった。留守番しているペットの様子を見ることができるのも、ひとつの用途としてあげられていた。単身世帯、核家族、ペットを残して家に誰もいなくなることも多い現代では、様々なペットの留守番のためのサービスや自動給餌器などのグッズが販売されている。

しかし、エサやトイレの世話の問題、事故や病気などのトラブルへの不安などもあり、長期の外出の場合、単に家にペットを置いて行くわけにはいかない。

ペットに留守番させる場合の選択肢は、次のようなものがある。家族や知人に預け世話をしてもらう、病院に預ける、ペットホテルに預ける、ペットシッターに世話を頼むなどである。

以前は家族や知人に預けるという方法が最も多かったようだが、近年はそれらの人間関係が希薄になったことや、トラブルが起こったときの様々な問題などが想定され敬遠され始めてきた。かかりつけの病院がある場合、その病院に預ければ獣医師への信頼感もあるし、病気などの対応は安心

空港のペットホテル

感がある。ただし、ペットを宿泊させるのが専門ではないため、狭いケージに入れなければいけないとか、ほかのペットとの接触があるなど、ペットのストレスが心配されるようになってきた。そこで、ペットの宿泊の専門施設であるペットホテルの利用が一般化してきている。また、ペットのケアの専門会社にペットシッターを依頼することも多くなってきた。

高級ホテルも誕生のペットホテル

ペットホテルとは、ペットを預かってくれる施設である。楽天トラベルのペット専用ホテルの検索ページでは、宿泊できるペットの種類は、犬・猫・鳥・ウサギ・その他となっている。また、受けられるサービスも、簡易なものでは、並んでいるケージに入れて預けるだけのところから、トリミングやエステのサービスが受けられたり、ドッグランがあるところまで様々である。いわゆる「高級ホテル」と呼べるようなものもあり、東京ミッドタウンにある「dogdays」では、スタンダードタイプからスイートタイプまで４つのレベルに分かれている。スイートタイプでは個室に犬用のベッド、ＷＥＢカメラが設置されており、ペットオーナーが随時旅先などから携帯電話でペットの様子を見ることができる。

また、成田国際空港や関西国際空港などの大きな空港やその周辺にもペットホテルがある。また、ペットホテルは併設されてはいないが、ペットを預けるカウンターのある空港もある。成田国際空港にある「ペットインロイヤル成田エアポート」は犬・猫・うさぎ・フェレット・ハムスターの宿泊が可能。90㎝×60㎝×60㎝サイズのキャビンルームから、約６畳の広さをもつスイートルームまで４ランクある。１部屋に何匹かまとめて預けることも可能。どのランクに預けても、食事、１日

2回の散歩、運動などのサービスを受けられる。トリミンググルームや、ペットジム、病院なども併設されている。「関空ペットホテルプロムナード」では、全室個室になっており、有料だが携帯電話からペットの様子を見ることのできるサービスも提供している。

ペットオーナーの家で世話をするペットシッター

ペットシッターとは、ペットオーナーの家で、ペットの世話をするサービスのことだ。ペットホテルや病院など、いつもとは違う環境におかれるとストレスを感じるペットも多いが、ペットシッターならば、住み慣れた家でサービスを受けられるため、ストレスは軽減される。また、マンツーマンで世話をしてもらえるため、ペットオーナーが要望する世話のみを依頼することができる。

ケアの内容は1日1回1時間程度の世話が基本で、ペットの食餌・水・トイレ交換・散歩などの日常の世話、ペットとのスキンシップをはかり精神面でのケアと健康状態のチェック、食餌量・健康面のほかに心理面も細かく観察した報告書作成、急な体調の変化等で獣医師の診察を要する際の旅先への連絡、速やかな搬送、さらにペットの様子を毎日連絡する夜間電話サービスなどがある。ただし、ペットオーナー宅で世話をするというサービスの性質上、ペットシッターに鍵を預け、自由に出入り可能な状態とするため、ペットシッターを信頼できることが利用の第一条件となるだろう。現在では、ペットシッターの紹介業も誕生している。

猫は短期の留守番OK

犬と猫を比較すると、どちらかといえば、猫のほうが留守番には向いているといえる。猫は縄張り意識が強いため、例えばペットオーナーと知らない場所にいるよりも、ペットオーナーがいなくても住み慣れた家で過ごすことを好む場合が多いという。猫の専門雑誌を見てみると、2泊までは猫だけを自宅に残しておくことが可能、それ以上の場合はほかの手段を考えるようにというアドバイスがされている。猫の場合はちょっとした旅行や出張などの場合は留守番をさせても問題なさそうである。

ただし、2泊以上の長期間の場合は他の手段を考える必要がある。動物病院やペットホテルに預けるのは犬より猫のほうが難しく、家族や知人または専門のペットシッターなどに、ペットオーナー宅で世話をしてもらうという手法がすすめられている。

ペットの留守番それでも不安なペットオーナー

以上のように、ペットの留守番のためのサービスや施設も様々ある。とはいえ、携帯電話やパソコン上からペットの様子を見ることができるサービスのあるペットホテルが登場していることからも、ペットを他人に預けることに安心しきれないペットオーナーも少なくないと考えられる。空港に設置されたペットホテルを利用するのには、利便性という理由もあるだろうが、旅行に行く際、出発ギリギリまで一緒にいたい、到着したらすぐにペットに会いたいというニーズもあるのではないだろうか。ペットの留守番に対しては、新たなサービスや、それぞれのサービスの熟成も予想されるが、それでも安心できないペットオーナーは存在し続けると考えられる。

いよいよ、旅先にペットを同伴する時代になってきているといえよう。

Column❷

犬に関することわざ・慣用句 ——日本語・英語——

日本のことわざでは犬の印象はよくない

「犬は三日飼われた恩を忘れない」ということわざがある。これは、恩を覚えているわけではなく、人を同じ群れの仲間だと思う振舞いが、ことわざになったものだといわれている。こうした犬の習性や特性から日本には様々な犬に関することわざがある。

よく耳にする「犬猿の仲」は、仲の悪い様子のたとえであるが、犬と猿の仲が本当に悪いのかは分からないようである。韓国にも同様の表現があるが、ヨーロッパでは仲が悪いことは犬と猫の仲でたとえられている。「飼い犬に手をかまれる」は、「恩を仇で返す」と同じで、普段から目をかけていた人に裏切られたり、ひどい目にあわされることのたとえ。犬は飼い主に純朴に従う習性があることが前提となっていることわざである。「犬の遠吠え」は、人前では何もいえないのに、陰で悪口をいったりすることをたとえたもの。「犬も歩けば棒に当たる」は、本来は犬が下手に歩き回ると意味もなく棒で殴られてしまうことから、余計なことはしない方がいいという意味で使われていた言葉だが、現在はその意味も変化し、行動すると思いもかけずに好運に出会うことがあるといった、正反対の意味に使われている。

そのほか、「羊頭狗肉」、「幕府の犬」、「犬死に」など、犬はことわざに関しては印象が悪く、あまり良い意味に使われてはいないようである。

英語の犬のことわざも良い意味は少ない

一方、英語における犬に関してのことわざもいくつかあげてみたい。

「Barking dogs won't bite」は、〝吠えている犬

はかまない〃の意味から、行動せずに口先だけの人はたいしたことがないことのたとえとして使われる。「A man is in the doghouse」は、〃ある人が犬小屋の中にいる〃の意味で、文字通り面目を失ったときのたとえとなっている。「Let sleeping dogs lie」は、〃寝ている犬はそのままにしなさい〃の意味で、触らぬ神に祟りなしということである。「Every dog has his day」は、〃全ての犬は盛りの日がある〃から、誰しも得意な時代はある、という意味でやや前向きなものもある。

そのほかにも英語の慣用句として「die like a dog（犬のように死ぬ）」が惨めに死ぬ、「live a dog's life（犬のような生活をおくる）」が惨めな生活をおくる、「go to the dogs」が落ちぶれる、堕落する、「put on the dog」が見栄をはる、気取るといったように、日本と同様、良い意味のものは少ないようである。

犬は古くからとても人間に近い所にいた動物のため、期待されることも多かったので、その反動からことわざでは返って悪い意味に使われることが多くなったのかもしれない。

犬の名称は従順な証し

ことわざではないが、英語圏では犬の名前の由来についてこんなエピソードがあることを紹介したい。神は天地創造をされた後、地球を歩き創造物それぞれに名前を付けていった。神がどこにいかれても、力の限りその後を付いていく小さな生き物がいた。全てのものに名前がついたとき、その小さな生き物が「神様、僕にはもう名前が残っていません」と問いかけた。神（God）は笑って優しく答えた。「お前のことは最後まで残しておいたのだ。私の名前を逆さまにして与えよう。お前の名前はDog（犬）だ」

海にて

第4章

犬旅の対応と現状

1 ペット同伴宿の現状

増加するペット同伴宿

ペットの家族化が進むと、ペットに人間同様の生活をさせてやりたいという欲求が強くなる。ペットオーナーが旅行に出るときのペットの留守番時の対応については前章で触れた。それでもペットオーナーの心配は残り、それ以上に家に置いておくのは可哀想で、できたら一緒に旅に出たいと思うペットオーナーが増えてきた。近所の外出や日帰り旅行であれば大きな問題はないが、宿泊を伴う旅行になると、最初の課題はペット同伴で泊まれる宿の問題である。

このニーズに応えるようにこの数年ペット同伴で泊まれる宿泊施設が増えている。ペット旅行者によく利用されているインターネットサイト「ｐｅｔ宿．ｃｏｍ」には、８００軒を超えるペットと泊まれる宿が掲載されている。また、「ＳＴＡＹ ＷＩＴＨ ＤＯＧ」というサイトでは、客室同伴可能な宿が１９００軒以上も掲載されており、ペットと宿泊できる宿が、決して少なくないということが分かる。（２００７年11月現在）インターネットサイトだけではなく、ペットと宿泊できる宿専門のガイドブックも大手出版社から何冊も出版されている。

ペット同伴ホテル

様々な種類のあるペット同伴宿

ペット宿泊が可能な宿泊施設といっても、その内容は様々だ。まず、宿泊施設の種類としてはホテル、旅館、ペンション、コテージ、キャンプ場、貸し別荘などがある。

以前は他人に迷惑をかけない、という前提で自分の別荘や屋外のキャンプ場などを利用したペット同伴旅行が中心だったが、今日では幅広い宿泊施設が利用され始めている。特に、ペンションはその主流だ。ペット可のペンションではオーナー自身が動物好きの場合が多いという。コテージは家族のみで過ごせるため、人見知りの激しいペットでもＯＫだ。人間自身も満足する宿泊施設としては旅館、ホテルが最適といえよう。ペット同伴旅行の宿泊施設の選択肢が広がっている。

ペットの宿泊形態としては、いわゆるペットホテルなどの施設が併設されているペット別泊の宿泊施設と、ペットと同じ部屋に泊まることができるペット同室宿泊施設とがある。ペットと同じ部屋に宿泊できる場合でも、積極派と消極派に分かれる。消極派の場合は犬の移動はケージで行わないといけなかったり、室内でも禁止事項があったりと、ペットの行動に制限がかけられる。一方、積極派の施設では、足洗い場や足拭きタオルなどペット用のアメニティーが充実していたり、客室内の過ごし方は自由、食事を一緒にとれる宿まである。中には犬専用のフランス料理のフルコースが用意されている宿もあり、こだわりのあるペットオーナーにも対応している。

宿泊できるペットは、闘犬種禁止など犬種などの制限のある宿もあるが、一般的にはサイズで制限されている。情報誌「るるぶ　ペットとおでかけ」では、大型犬、中型犬、小型犬、猫、小動物にカテゴライズされ、宿泊可能か不可能かが表示されている。小型犬は概ねどの施設でも宿泊することができるようだが、大型犬や猫、小動物は宿泊不可の宿があるようだ。

求められるペット同伴宿でのマナー

ペットと宿泊する際のマナーに関しては、各種サイト、ガイドブック等で周知されている。ペットと旅行をする際、事前に必要とされているのは、トイレや無駄吠えをしないなどのしつけや、狂犬病の予防接種などである。予防接種に関しては、宿泊施設で宿泊の条件とされている場合が多い。

前出の「るるぶ　ペットとおでかけ」によれば、旅先でのルールとして次のようなものがあげられている。入館前にペットの足をきれいにする、排泄をすます、館内の放し飼いはしない。客室内では、ペットだけで留守番させない、ベッドやソファーにあげない、目を離さない。チェックアウト時には掃除をする、ゴミや排泄物を残さないなどだ。

ペット同士の接触や臭い、排泄物などペット同伴で起こる問題は多い。そのための独特のマナーを旅行者は守ることが求められている。ペットとの旅行を考える際には、このハードルを越えることが最低条件となっている。

付加価値のあるペット同伴宿

ペットと泊まれるだけにとどまらず、その施設独自のサービスを提供する宿泊施設も多く存在している。

「伊豆高原わんわんパラダイスホテル」（静岡県）は愛犬同伴旅行者に人気のホテルだ。客室内で犬が自由にできるというだけにとどまらず、ドッグラン、ドッグガーデン併設、屋上にある温水プールはなんと犬専用。他にもグルーミングルーム、フォトスタジオや他の犬とノーリードで交流できる愛犬サロンなどがある。多くの宿泊施設では、ペットを浴室に入れることはできないが、このホテルでは、同じ浴室で犬と入浴できる貸切風呂がある。ペットのファッションショーなどのイベントも行われており、ペットと楽しむことを第一目的として宿泊することができるようになっている。

また、ペットと宿泊しようとした場合、無駄吠えの問題で、ホテルやペンションへの宿泊が断念される場合がある。その問題を解決しようとする宿泊施設も登場している。千葉の「愛犬と楽しむ宿・しぶごえ」では、〝無駄吠えＤＡＹ〟を設定している。無駄吠えで悩むほかのペットオーナーとの交流もできるなど、犬旅旅行者の背中を押すイベントになっている。

いわゆる高級ホテルでもペット可をうたうホテルが登場している。「ハイアットリージェンシー箱根リゾート&スパ」には、スイートルームを含め6室の「ドッグ　フレンドリー　ルーム」がある。チェックイン時にグルーミングサービスを受けられたり、犬用のシャワールームなどが設置されている。ペットのサイズには制限はない。東京都内の高級ホテルでもペットと宿泊することができ、「椿山荘フォーシーズンズホテル」では、ペットサークルに入れれば小型犬や猫と一緒の部屋で宿泊することができる。ただし、庭や公共スペースに連れて行く場合は、ケージなどに入れなければならず、レストランには連れて行けない。ペットとの旅行を楽しめる環境づくりは確かに着実に進んでいる。

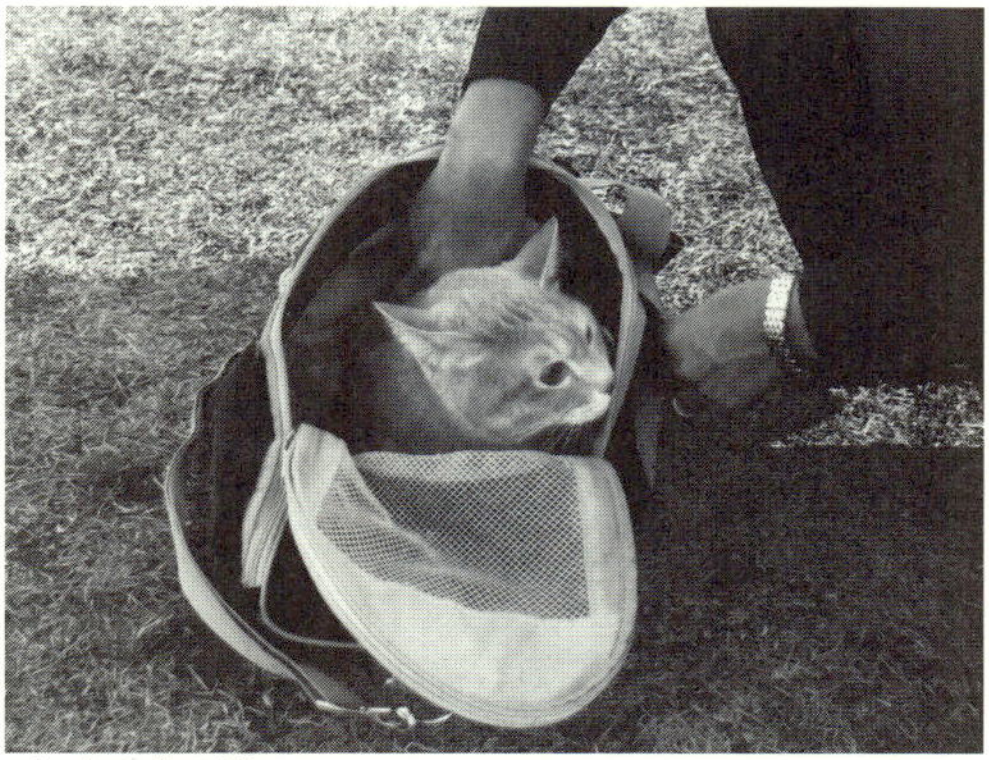

バックの中の猫

2 車でのペット同伴旅行の現状

圧倒的に多いペット同伴マイカー旅行

ペット同伴旅行で宿が確保できたら、次は移動の手段だ。圧倒的に多いのは、他人に気兼ねなく、またわずらわしい予約や手配の不要なマイカー利用である。

旅行に限らず、ショッピングやレジャーなどでもペットをマイカーに同乗させることは日常になっている。車のドアを開けるだけで、何もいわなくても乗り込んでくるマイカー移動に慣れているペットは多いという。それだけに、ペットを同伴する旅行の中で、車での旅行はガイドブックやハウツーの充実度、環境の整備などにおいて、他の移動手段を用いた旅行よりも数歩進んでいるといえる。

ペット同伴マイカー旅行

旅行目的に限られた商品ではないが、セーフティーバリア、シートカバーなどペット専用のカーアクセサリーも数多く販売されている。また、各自動車メーカーもホームページで、ペットを連れた自動車旅行を推奨している。ホンダは「Ｈｏｎｄａ Ｄｏｇ」というサイトを運営している。このサイトでは、純正愛犬用アクセサリーの紹介、ペット同伴の旅行に関する宿やイベントの情報、サービスエリア（以下ＳＡ）やパーキングエリア（以下ＰＡ）の情報、海外ペット事情などを掲載している。富士重工のＳＵＢＡＲＵは、インターネットサイト「ペット大好き！」内に「ＳＵＢＡＲＵカーで行くレストラン＆ホテルガイドわんわんミシュラン」というページを持っている。全国トヨタカローラ店のホームページには、「Ｃ　ＬＯＶＥＳ　ＤＯＧ」というページがあり犬のおでかけ情報や雑誌「いぬのきもち」とタイアップ企画などを行っている。自動車メーカーや販売会社もペット同乗の広がりに本格的に対応を始めているようだ。

レンタカーでもペット同乗

マイカーがない場合、また現地まで飛行機や鉄道を用いる場合など便利なのがレンタカーだろう。ＡＮＡのホームページでは「ペットといっしょ　専用レンタカー」として沖縄と北海道のペット用レンタカーが紹介されている。以前は、レンタカーはペット不可が多かったが、現在は大手レンタカー会社のほとんどで犬や猫の同乗が可能だ。ただし、マイカーと同じようにはいかない。

ペットをケージに入れ、車内ではそこから出すことができないのは基本で、車内での給餌や給水を禁止している会社もある。ペットの追加料金はかからない場合が多いが、専用シートの購入が必要な場合もある。ケージのサイズや重量、乗車可能な車種の制限もある。利用者のマナーの問題、毛・臭い・汚れなどの問題、動物アレルギーの利用者の問題などもあり、全てのレンタカー会社が歓迎ムードというわけにもいかないのが現状だろう。ケージからペットを出すことが可能など、ペット専用のレンタカーを用意するレンタカー会社も存在しているが、まだまだ少数派といえる。

ペットに優しいSA・PA・道の駅

車での旅行は人間もトイレや車酔いなどに悩まされることがあるが、ペットも同様でトイレや車酔い、散歩などのためにこまめに休憩をとる必要がある。高速道路上のSAやPAでは、そんなペットをもつペットオーナーのために、ペット用設備の設置が進んでいる。

ペット用設備のひとつに、ドッグランがある。ドッグランとは、犬をノーリードで遊ばせることのできる広場のようなものだ。広さや、芝生やウッドチップなど地面の種類はそれぞれのドッグランによって異なる。独立のもの以外にも、ペットホテルやペットショップに併設されているケースもある。また、公園でもドッグランが設置されているところもある。

高速道路で初めてドッグランが設置されたのは東名高速道の足柄SAである。足柄SAには無料ドッグラン「愛犬広場」以外にも犬用のプールや水飲み場、散歩コースなどもある。ここを皮切りとして、SA・PAにはドッグランなどのペット対応設備が次々に設置され、現在、地域別に高速道路を管理するNEXCO東日本では、東北自動車道那須SA（下り）など5ヶ所にドッグラン、12ヶ所にペット用の水飲み場、NEXCO中日本では、4ヶ所にドッグラン、5ヶ所の水飲み場、NEXCO西日本では、阪和自動車道の紀ノ川SA（下り）など20ヶ所にドッグラン、排泄物用ごみ箱、14ヶ所に水飲み場が設置されている。（2007年現在）

これらの施設が設置されていなくても、亀山PAなどにあるハイウェイオアシスでも、犬の散歩が可能であり、ペット同伴の自動車旅行においてSA・PAは欠かすことのできないものとなっている。この傾向を反映して、最近では、関東の一部のSAで犬用のお弁当までもが販売されているという。

また、一般道では、道の駅もペットの休憩場所として利用されている。規模・数ともにＳＡ・ＰＡほどではないが、北海道にある「道の駅香りの里たきのうえ」など道の駅でもドッグランを設置するところがでてきている。

ペットとアミューズメント施設

車を利用した旅行の目的地としても一般的な、テーマパーク、遊園地などのアミューズメント施設での、ペットの扱いはどうなっているのだろうか。東京ディズニーリゾートやユニバーサルスタジオジャパンは、ペットの入園はできないが、犬を預けることができる施設がある。ケージに入れた状態であれば入園できるのは、富士急ハイランド、那須ハイランドパークなどだ。

ペットと積極的に一緒に楽しめる施設もある。お台場にある温泉「大江戸温泉物語」には、犬専用の温泉施設「綱吉の湯」があり、犬用の温泉やスイミングセラピーのできる犬用プール、トリミング施設のある犬用リラクゼーション施設になっている。また、施設ではないが、東京都観光汽船では、ハッピードッグクルーズを行っており、犬と一緒に東京湾クルーズを楽しむことができる。

サービスエリアにて

3 公共交通機関の対応

意外と簡単、鉄道の旅

マイカーの次にペット同伴旅行に利用されるのは鉄道だろう。ＪＲや私鉄の多くでは、長さ70㎝以内、３辺の合計が90㎝程度のケージに入れており、ケージに収納した重量が10㎏以内であれば、犬、猫、小動物を持ち込むことが可能だ。ただし、ケージからペットを出すことは禁止されている。

東武鉄道、小田急電鉄などの私鉄ではペット持込料金がかからないところが多い。ロマンスカーなどの特急料金も条件は同じだ。ＪＲに関しては、「手回り品料金」として、ケージ1個につき２７０円がかかる。新幹線や北斗星、カシオペアなどの寝台特急も同様であり、個室であってもペットをケージから出すことは禁止されている。近鉄、名古屋鉄道、西日本鉄道などはＪＲ同様の手回り品料金を取っている。

自分の「家族」でもあるペットが、「手回り品」と呼ばれることに抵抗を感じる人も多い。そんなペットオーナーたちの「ペット用きっぷを作ってほしい」という要望に対応してつくられたのが、ＪＲ九州の「ペットカード」である。ペットカードには、表面にはペットのイラスト、裏面に注意事項が記載され、その横に手回り品切符が添付される。希望者はカードを記念に持ち帰ることもで

船旅する犬

きる。

小型犬や猫などの場合は、慣れると鉄道によるペット同伴旅行は意外と簡単で苦にならないというペットオーナーは多い。

徐々にペット解禁、高速バスの旅

ペットお断り、トランク預かりのみの高速バスがある一方で、周囲の乗客の迷惑にならず、一定サイズのケージに入っていれば車内持ち込みができる高速バスもある。ただし、夜行便は同乗できない場合がほとんどだ。

このように高速バスのペット対応はバス会社によってまちまちだ。ＪＲ東海バスでは、昼行便に限りひざの上に乗る程度の大きさでの収納ケースに入れたペットの持ち込みはＯＫ。ただし、夜行便は全ての高速バスで持ち込み禁止。今後、さらにペット対応が進むのではと思わせられる動きもある。九州バス協会加盟のバス会社の九州各地発着高速バスはペットの持ち込みが禁止だったが、最近昼行便のみトランク内への持込が九州内の運行する路線で可能となった。

利用価値あり、飛行機の旅

長距離になると、なんといっても飛行機利用が便利だ。ペット同伴旅行でも簡単に利用できるのだろうか。

国内線では、機内にペットを持ち込むことはできない。鍵のかかるケージに入った状態で、客室内と同じように室温・気圧が管理されるバルクカーゴルームで手荷物として輸送される。飛行中、世話をすることは不可能だが、破損や水漏れの恐れのない給水器はケージに設置することができる。預けられるペットは犬、猫、鳥のほか、リスやハムスターなどの小動物。各社が設定した最大サイズのケージより大きいペットに関しては、「ペット」ではなく貨物扱いになるが、飛行機に乗せることはできる。

ＪＡＬでは、主要空港に専用カウンターを設けている。料金は、路線に応じた1ケージごとの料金設定となっており、たとえば、東京—大阪間では３０００円、東京—沖縄間では５０００円かかる。ペットと国内線ＪＡＬ機に乗るとポイントがたまり、ペット料金の無料サービスなどが受けられる「ＪＡＬペットクラブ」も開設されている。ＡＮＡでは「ＡＮＡペットらくのりサービス」が提供されている。料金は、一部路線を除いてペットケージ1個、１区間４０００円。１人あたり、他の受託荷物とあわせて3個まで預けることが可能だ。

国際線でも機内にペットを持ち込むことができない航空会社が多いが、一部航空会社では条件を満たせばペットを持ち込むことができる。機内持ち込みが可能でも不可能でも、ペットを搭乗させる場合は超過手荷物料金を支払う場合が多い。

基本的には安全とされているペットの手荷物輸送だが、運送中のペットの死傷のリスクがまったくないというわけではない。２００６年、ＪＡＬでは通年フレンチ・ブルドッグとブルドッグ、ＡＮＡでは夏季期間中の短頭犬種の受託を中止した。これらの犬種は体温調節が苦手なため、暑い時期の輸送には熱中症などのリスクを伴うためだ。ペットを預ける際には、同意書を提出しなければならないが、ペットの死傷についても記載されており、ペットを同乗させようとしている旅行者が抵抗を感じるケースもあるようだ。とはいえ、長距離の場合、１~2時間程度我慢するだけで目的地に到着後、すぐにペットと一緒に旅をできるのだから、その利用価値は高い。実際、空港カウンターでペットを預ける姿を見かけることが多くなってきた。

ペットとの船旅は？

国内の船旅といえば車とともに乗船できるフェリーだろう。フェリーは会社によってペットへの対応が異なる。船内に持ち込める場合も船室持ち込み不可で、ケージに収納してペットを預けられる「ペットルーム」、「ドッグハウス」などの専用室を設けている場合が多い。船室を借り切れば、室内持ち込み可能というフェリーもある。

例えば、商船三井フェリーではペットをケージに入れて預ける2～4畳程度のペットルームがある。ペットルームでの世話は可能だが、ペットルームからペットを出すことはできない。料金は手荷物扱いで1匹2000円。他には太平洋フェリーのように無料のドッグハウスがあるが、犬専用となっており、大型犬や犬以外のペットは車両内で保管することが必要なフェリーもある。ペットを連れたフェリー旅行をPRしているものとしては、「わんこといっしょプラン」という関西から九州へのツアーを実施している関西汽船・ダイヤモンドフェリー共同運航のフェリー「さんふらわあ」などがある。

団塊世代のリタイアメントを背景に注目の集まっている、豪華客船による船旅、クルーズに関してはどうだろうか。日本発では、ペットが同乗できない場合がほとんどのようだ。日本船の代表格「飛鳥II」、「にっぽん丸」、「ぱしふぃっくびぃなす」は全てペットを乗船させることができない。ペット同伴のクルーズの旅はまだまだ先になるようである。

4 旅行会社の対応

大手旅行会社の取組み

業界最大手のＪＴＢでは北海道発、関東発、中部発、関西発の「ペットと泊まれる宿」という宿泊プランを販売している。ペット料金が最初から組み込まれている宿泊プランで、旅行者に分かりやすいものになっている。基本的には往復の交通手段はついていないが、関東発には往復ＪＲや東武鉄道利用のプランもある。また、ＪＴＢのインターネットサイトには「お散歩気分で旅しよう　ペットと行く旅」というツアー検索・予約ページや、ペット同伴可能な観光施設が一覧できるペット特集ページが設けられている。「露天風呂付客室プラン」や「ファミリープラン」などとまったく同じ感覚で検索・予約ができる。

ＪＴＢ東日本国内商品事業部の木下俊司課長によれば、「ペットと泊まれる宿」のプランは7～8年前からつくられ、利用者は年々少しずつ増え続けているという。中でもペットと同じ部屋に宿泊でき、人間にとっても満足できる宿泊施設が人気だという。木下氏は「ペットと宿泊できればどこでもいいというのではなく、人間も十分満足できる商品を提供していくのが旅行会社の役割ではないか」と語る。いつも宿泊するようなホテルや旅館にペットと泊まりたいというニーズをもつ人

エースJTBペットと泊まれる宿　JTB 提供

たちに、安心とともに多くの選択肢を提供していくことが旅行会社に期待されているのかもしれない。

日本旅行ではタカラトミーとのコラボレーションとして旅犬「ダッキー」をキャラクターに設定し、ペット愛好家の取り込みをはかっている。日本旅行のサイト内には「ペットと泊まれる宿」が一覧できるページがあり、タカラトミーのぬいぐるみ「ダッキー」のサイトからリンクがされている。また、２００６年に添乗員同行の「ＤＯＧＡ（ドッグヨガ）」や「わんちゃんしつけ教室」を組み込んだ「沖縄・離島ツアー２泊３日」を企画している。

近畿日本ツーリストは、「うちのこ．ｃｏｍ」というサイトを運営している。ペット宿泊可能な宿の掲載がメインのサイトだが、貸切バスを利用したバスツアーも掲載されている。これらのバスツアーの特徴は季節の行事をテーマにしていることで、例えばペットとのお参りで知られる市谷亀岡八幡宮や皇居などをめぐる「東京初詣バスツアー」、市谷亀岡八幡宮での犬の祈祷がプランにセットされた「わんちゃんの七五三」などで、イベントをペットとともに楽しめるツアーになっている。また、日帰りのツアーが主なものだったが、２００７年、宿泊もセットになった「クリスマスin那須高原」バスツアーが企画された。那須ハイランドパークでのペットと一緒に楽しめるクリスマスイベントとＴＯＷＡピュアコテージでの宿泊がセットになっているプランだ。

進化する様々な取組み

ＡＮＡ（ＡＮＡセールス）では「ワンワンフライトＩＮカヌチャリゾート沖縄３・４日」というツアーを実施している。航空運賃、宿泊代、ペット搭載可能なレンタカー代がパッケージになっている。ペット料金は別料金になっており、犬のサイズによって異なる。宿泊施設は、カヌチャベイホテル&ヴィラズ（マグノリア棟）のみ。全36戸のうち12戸がペット同居タイプの特別仕様になっており、ペット専用のエレベーターも設置されている。

楽天トラベルでは、ペット関連サービスとして、「ペットと泊まれる宿」の検索・予約ページと「ペット専用ホテル（ペットホテル）」の検索・予約ページがある。ペット同伴旅行と、旅行の際にペットを預けて行く旅行者とどちらにも対応する形になっているのが興味深い。「じゃらん．ｎｅｔ」には「わんことお泊り」というサイトがある。ホテルの検索・予約ページ以外には、「ドライブ&お泊りノウハウ」という項目もあり、どちらかというとドライブ旅行に着眼点がおかれていると感じられる。また、遊びスポットも数多く紹介されている。

ペット同伴バスツアーでは、サークルやインターネットのペットサイト、ペット愛好者同士の口コミなどで仲間同士が集まり貸切バスを利用し旅行をするパターンが多いようだ。また、宿泊施設がバスツアーを企画している場合もある。「高山わんわんパラダイス」では、マイクロバスを利用した上高地ハイキングツアーが用意されている。

ペットショップや、ドッグカフェが企画するバスツアーもある。ペットツアーは様々な形で、もうすでに数多く実施されているようである。

期待される旅行会社の企画と窓口

ペットとの旅行はマイカー利用の場合が多く、宿泊はインターネットサイトなどで直接予約をするというパターンが多い。その中で旅行会社に期待されているものは何なのだろうか。

人間も同時に満足できる安心感のある旅館・ホテルの案内や予約、鉄道や飛行機など公共交通機関のペット同乗の情報提供と手配、ペットのためのイベントや他のペットとの交流、ＤＯＧＡなどの特別な体験を含むツアーの企画、車をもたないペットオーナーたちにとってはバスツアーも大きな魅力となるだろう。飛行機とレンタカー、宿泊をセットした企画旅行も期待されているだろう。

また、ペット同伴旅行では宿泊や交通機関、観光施設などのペットについての条件など、人間だけで行く旅行よりも多くの疑問や不安があるだろう。これらの疑問や不安はインターネットでは解決ができないため、旅行会社の窓口の人間での対応が期待されているようである。今回実施したペット同伴旅行経験者のグループインタビューの中でも、「ペット旅行のカウンターがあれば利用したい」という声があがっていた。

かなり昔のことになるが鉄道を利用した旅行が一般的だった時代に、マイカー利用の旅行が急増していった時期があった。予約手配の必要な鉄道の旅から解放された旅行者の旅行会社離れが進行した。大手旅行会社は税金やサービス料、その他の付加価値をセットにした「宿泊プラン」を企画造成し、マイカー旅行者のニーズを取り込んだ。旅行会社には、そんな市場に対応する力がある。

同伴旅行のしやすい小型犬の一層の増加、同伴旅行ニーズの広がりと多様化などが確実に進む中、ペット同伴旅行は旅行会社が旅行者対応や商品企画にきっちりと対応していかなければならない将来性のあるマーケットといえるのではないだろうか。

子猫たち

Column❸

映画で活躍する犬たち――アメリカ映画・日本映画――

「名犬ラッシー」「ベンジー」など犬が主人公のアメリカ映画

映画の製作本数が現在では比較にならないほどに日米では違うので、一概にいえないかもしれないが、犬が登場する映画は圧倒的にアメリカのほうが多いように思える。

古くは、原作がイギリスであるもののアメリカ映画として製作された「名犬ラッシー（1943年）」。その後1954年にテレビドラマ化され、1957年から日本においてもテレビ放映され、好評を博した。オリジナルは、故あり何百マイルも離れてしまった元の飼い主の少年のもとへ家路を辿る苦難の旅を描いたもの。

犬の気持ちを代弁するナレーションもなく、犬の視点から語ることで大ヒットしたのが「ベンジー（1974年）」。主人公の犬は、兄弟犬は里親が見つかったものの1匹だけ残り処分される運命であった子犬で、名トレーナーに引き取られ豊かな感情表現をする名犬としてデビューしていくもの。映画公開後、アメリカでは犬の里親ブームが巻き起こり、100万匹以上の犬が収容所から新しい飼い主のもとへ引き取られたという。

そのほかにも、狂犬病の犬が主人公のサスペンス「クジョー（1983年）」、麻薬取締官と捜査犬の友情を描いた「K－9　友情に輝く星（1988年）」、犬嫌いの父親がいる家に舞込んだセントバーナード犬と一家の冒険を描いた「ベートーベン（1992年）」、ディズニーのアニメ映画「101匹わんちゃん大行進（1961年）」を実写化した「101（1996年）」などがある。犬が主役でなくても、アクセントとして登場する映画には、「ET（1982年）」、「バック・トゥ・ザ・フューチャー（1985年）」、「マスク（1994年）」、「ベイブ（1995年）」などと枚挙にいとまがない。

「南極物語」「ハチ公物語」など犬が主人公の日本映画

一方、日本映画は、南極に置き去りにされ奇跡の再会を果たしたタロウとジロウを主人公とし大ヒットしたのが「南極物語（1983年）」。撮影に3年間かけた大作で、当時の邦画最高配収記録を作った。今日でも日本実写映画歴代興業収入2位の記録を持つ。

亡くなった主人を渋谷駅で待ち続けた日本一有名な秋田犬の「ハチ公物語（1987年）」、雄犬シロが激流で有名な海峡を幾度も渡って奥さんの雌犬マリリンに会いにいったことを題材にとった「マリリンに逢いたい（1988年）」、身寄りのない犬が迷い込んだ高校の生徒や職員との交流を描いた「さよなら、クロ（2003年）」、盲導犬の一生を描き大ベストセラーとなった本を映画化した「クイール（2004年）」などがある。

バラエティに富むアメリカ映画、日本映画は実話が中心

比較してみると、アメリカの映画は、サスペンスあり、アクションあり、心温まる交流がありと、バラエティに富んだ作品になっている。また、脇役としても家族の一員としての存在感が上手に描かれている。そして、ほとんど全てがフィクションである。一方、日本映画は、ほとんどが実話を題材としたもので、涙を誘うものになっている。日本人にとって犬は身近かな存在であると同時に、特別な能力を持った敬うべき存在と感じているのではないだろうか。

映画と犬の話として、カンヌ国際映画祭では非公式ながら、出品された数々の作品の中から犬の演技を評価する「The Palm Dog Awards」が2001年より行われている。この賞は、映画祭に参加した記者たちが審査員となって選び、名称はカンヌ国際映画祭の最高賞「パルムドール（Palme d'Or）」をもじって、「パルムドッグ（Palm Dog prize）」という。タレント犬や特殊な訓練を受けた犬が取るものではないようである。

第5章

犬旅の実態

1 「犬旅」調査の概要

ペットの家族化――「犬旅」調査の背景

社会学者の山田昌弘氏は、現在のペットと飼い主の関係について、「気が向いたら遊ぶというかかわり方ではなく、意識的にペットと楽しむ時間をとっている。そして、ペットの気持ちを気にする人が少なからずいるのが、大きな特徴である。ペットが喜んだり、悲しんだりする感情に反応して、ペットにも満足してほしい気持ちが高まっているのだ」（「家族ペット」）と分析している。現在のペットオーナーにとってペットは何者にも替えられない「家族」であり、そのようなペットオーナーのニーズを満たすためにペットを取り巻く環境が急速に整いつつあることは、前章までの考察で明らかである。これらの背景からペットはますます「家族化」し、その延長として「犬旅」志向も高まっていくものと思われる。そのペット同伴旅行、すなわち犬旅の実態と今後の意向について、様々な角度から資料収集、インタビュー、調査、取材を行い、分析を試みた。その概要は次の通りである。

「犬旅」調査の全体概要

①ペット同伴旅行経験者グループインタビュー

２００７年9月、ペット同伴旅行経験者6名にて実施

②ペット同伴旅行実態調査（本調査）

２００７年10月、過去3年以内に海外旅行および国内宿泊旅行をした犬・猫のペットオーナーに対し実施。回答数２６４２件

③ペット同伴宿オーナー郵送調査

２００７年10月、ペット同伴宿オーナーに対し実施、回答数１０２件

④海外事情ヒヤリング

２００７年10月、８ヶ国ＪＴＢ海外支店スタッフに対して実施

⑤現地取材

２００７年8月〜10月、八ヶ岳高原・伊豆高原・軽井沢・各空港など

ペット同伴旅行実態調査（本調査）の調査設計と分析軸

実態調査は、全国のペットオーナーで、かつ、最近3年以内に国内宿泊旅行と海外旅行を行ったことのある男女（ペット同伴は問わず）、すなわち、〝旅行者かつペットオーナー〟を対象として実施した。２００７年10月2日〜同月9日の期間でインターネット調査により実施し、２６４２サンプルの有効回答を得た。

基本分析軸としては、ペットオーナーを小型犬（10kg以下）、中型犬（11〜25kg）、大型犬（25kg以上）、猫の各オーナーに区分。複数匹のオーナーについては、代表の1匹を中心に回答を得た。経験したペット同伴旅行は、最近3年間の直近3回までの内容について確認した。

インターネット調査はオープンアンサー（自由回答）の記入率が高いのが特徴であるが、今回の調査でも「犬旅」の目的、宿泊施設、印象に残った旅行内容、旅行中のハプニング等などについて生の声を集めることができた。ペットオーナーとペットの関係性が垣間見られる興味深いコメントも各項目で紹介したい。

❖ペット同伴旅行実態調査の調査設計について

調査対象者：
ペット（犬・猫）オーナー
18～69歳男女（全国）
過去3年以内の海外旅行および宿泊を伴う国内旅行経験者
Ｉｐｓｏｓ日本統計調査㈱　インターネットパネル利用
調査期間：２００７年10月2日～10月9日
調査方法：インターネット調査
有効回答数：２６４２サンプル
〈内訳〉
ペット種別内訳
犬オーナー計：２０６６ｓ
小型犬オーナー（10kg以下）：１３３５ｓ
中型犬オーナー（11～25kg）：５４０ｓ

オーナーの性×年代別内訳　（人）

	全体	男性	女性
全体	2642	1264	1378
18～29歳	454	226	228
30代	585	288	297
40代	539	249	290
50代	563	253	310
60代	501	248	253

大型犬オーナー（25kg以上）：191s
猫オーナー：576s
主な質問項目：
〈旅行実態・国内・海外別〉
ペット同伴旅行経験
旅行の動機・目的
旅行内容（デスティネーション・利用交通手段・利用宿泊施設・旅行手配方法・費用など）
満足度とその理由
ペット同伴旅行未経験者の理由
〈今後の意向・国内・海外別〉
今後の実施意向
デスティネーションの意向
想定する交通手段・宿泊施設
実施のための条件　など

2 調査対象者のペット飼育の状況

犬は4分の3が純血種、犬猫ともに高齢化

まず、今回の調査対象者におけるペットの飼育状況を見てみよう。犬の飼育数の平均は1・2匹で、1匹が85・9%を占め、2匹以上のペットオーナーは14・0%程度となっているのに対し、猫の飼育数は平均1・4匹で、2匹が17・0%、3匹以上が12・6%と複数匹のペットオーナーが多く見られる。（図表①）また、今回の調査は犬または猫のオーナーを対象に行ったが、全対象者の9・7%は犬と猫の両方のオーナーとなっている。

今回の調査では、複数匹のオーナーの場合、代表の1匹を中心に回答を得たが、そのペットのプロフィールについて見てみよう。犬は全体の75・6%が「純血種」であり「雑種」は24・4%となっているが、小型犬は82・8%、大型犬は90・6%が「純血種」となっている。（図表②）

図表① 犬・猫の飼育数　=1匹　=2匹　=3匹以上（%）

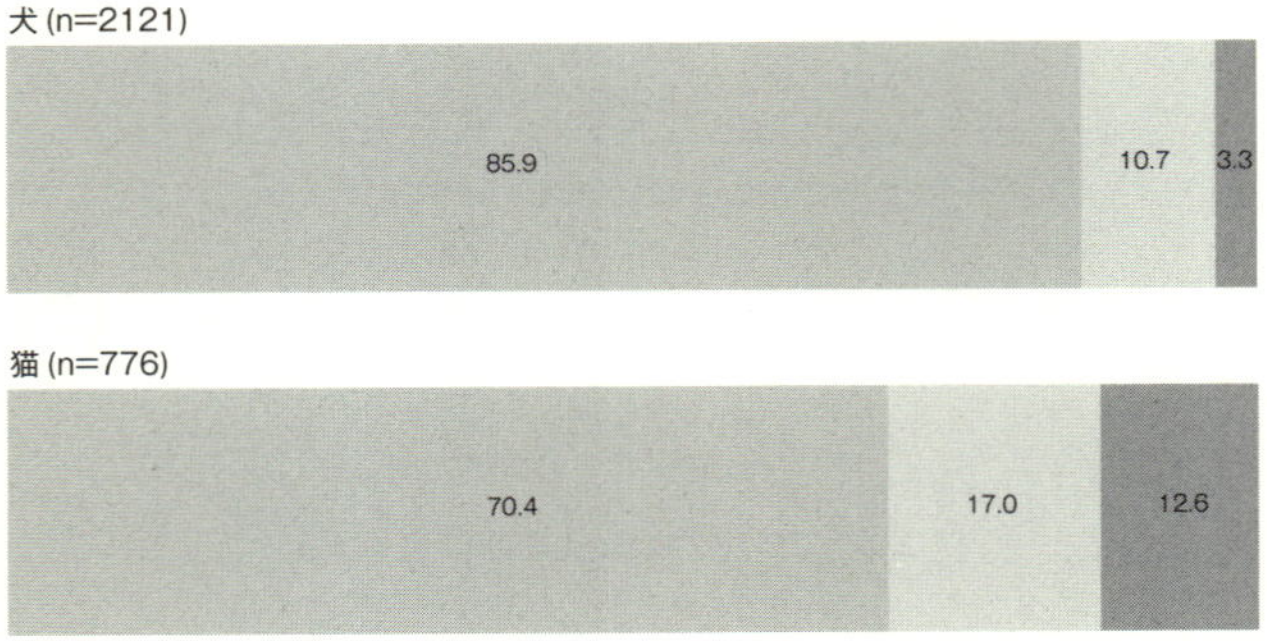

＊旅の販促研究所調査（2007年）
※グラフ内の数値は小数点第2位で四捨五入しており、数値の合計が100にならない場合がある。（以後の図表同様）

次はペットの年齢であるが、犬の平均が6・8歳、猫の平均が8・1歳となっている。

犬のサイズ別では、小型犬は6・0歳と平均を下回るが、中型犬は8・5歳、大型犬は7・2歳となっている。ペットの年齢の換算は諸説があり、犬、猫、そして犬のサイズ別でも換算が異なるようであるが、一般的に7歳を超えると人間でいえば熟年、または、シニア層に入るといえるだろう。今回の結果を見ると犬は7歳以上が47・7%、猫は59・9%、10歳以上で見ても犬は26・9%、猫は38・4%を占めており、2章でも触れたようにペットの高齢化の進行がうかがえる結果となっている。（図表③）

73%が室内犬、首都圏では83%

次に飼育場所を見てみよう。犬は72・7%が「室内犬」となっており、小型犬は84・6%となっている。また、中型犬、大型犬は一昔前なら屋外の犬小屋でリードにつながれて飼育されているのが普通の光景であったと思うが、中型犬は49・1%、大型犬では56・5%が「室内犬」となっており、犬のサイズにかかわらず、ペットの「家族化」が

図表② 犬の血統　=純血種　=雑種（%）

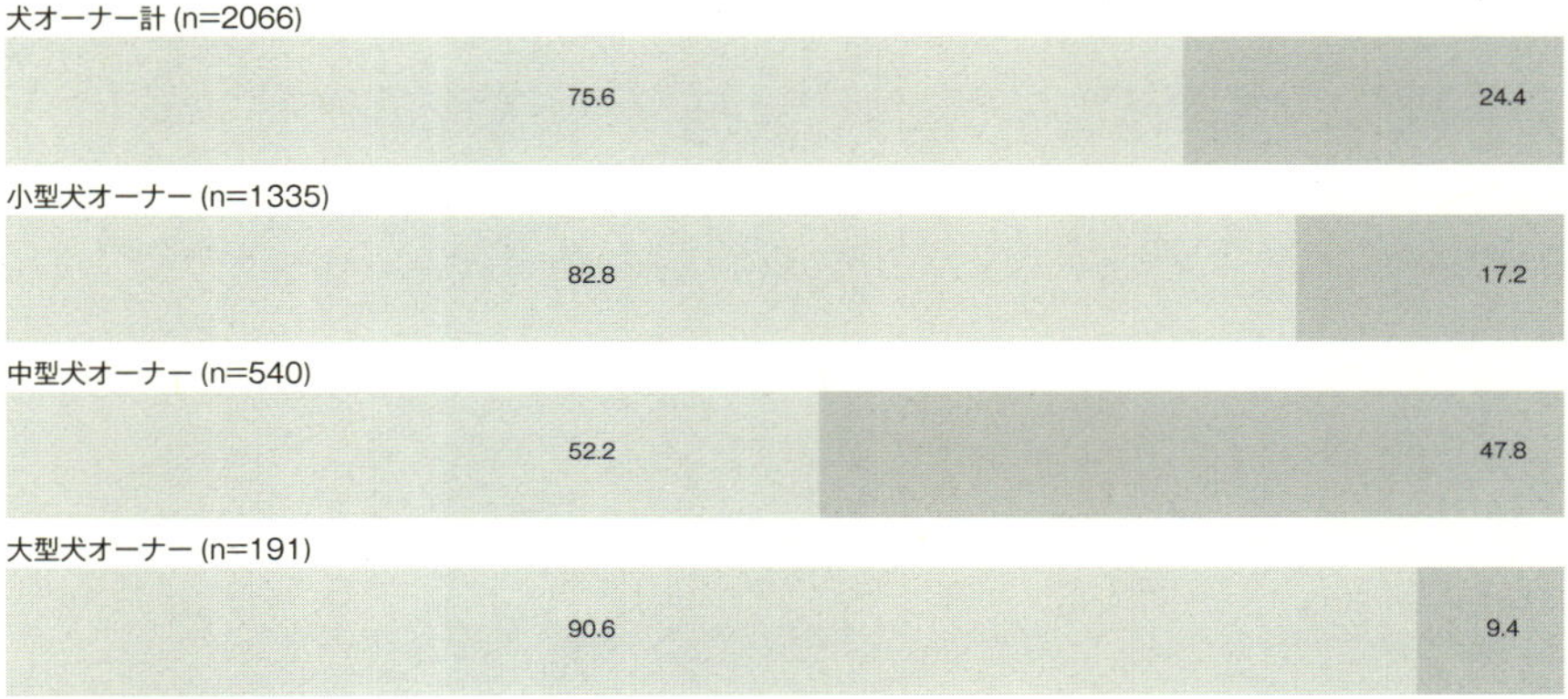

*旅の販促研究所調査（2007年）

確認できる結果となっている。

犬オーナーの居住地別の傾向を見ると、首都圏、大阪圏の大都市圏と北海道で「室内犬」が多く見られる。北海道は意外な印象を受けるかもしれないが、小型犬の構成が大都市圏と同様に高く、「室内犬」は83・3%と大都市圏の構成を上回っている。また、最も少ない北関東・甲信越でも46・1%、それ以外のエリアでも半数以上が「室内犬」となっており、人と同じ生活空間で、家族の一員として暮らす犬は全国的に増えているようだ。ちなみに、最も「室内犬」の構成が少ない北関東・甲信越や、それに次ぐ52・4%の九州・沖縄は、ともに他地域と比べてやや雑種の比率が高く、広い土地もあり屋外での飼育を続けている人も多いのだろう。

北関東・甲信越は人気の犬旅スポットが豊富なデスティネーションでもあるが、飼育場所との直接の関連性はなさそうだ。しかし、ペットを屋外で飼える土地柄や自然環境は犬旅スポットの要素でもある。（図表④）

図表③ ペットの年齢

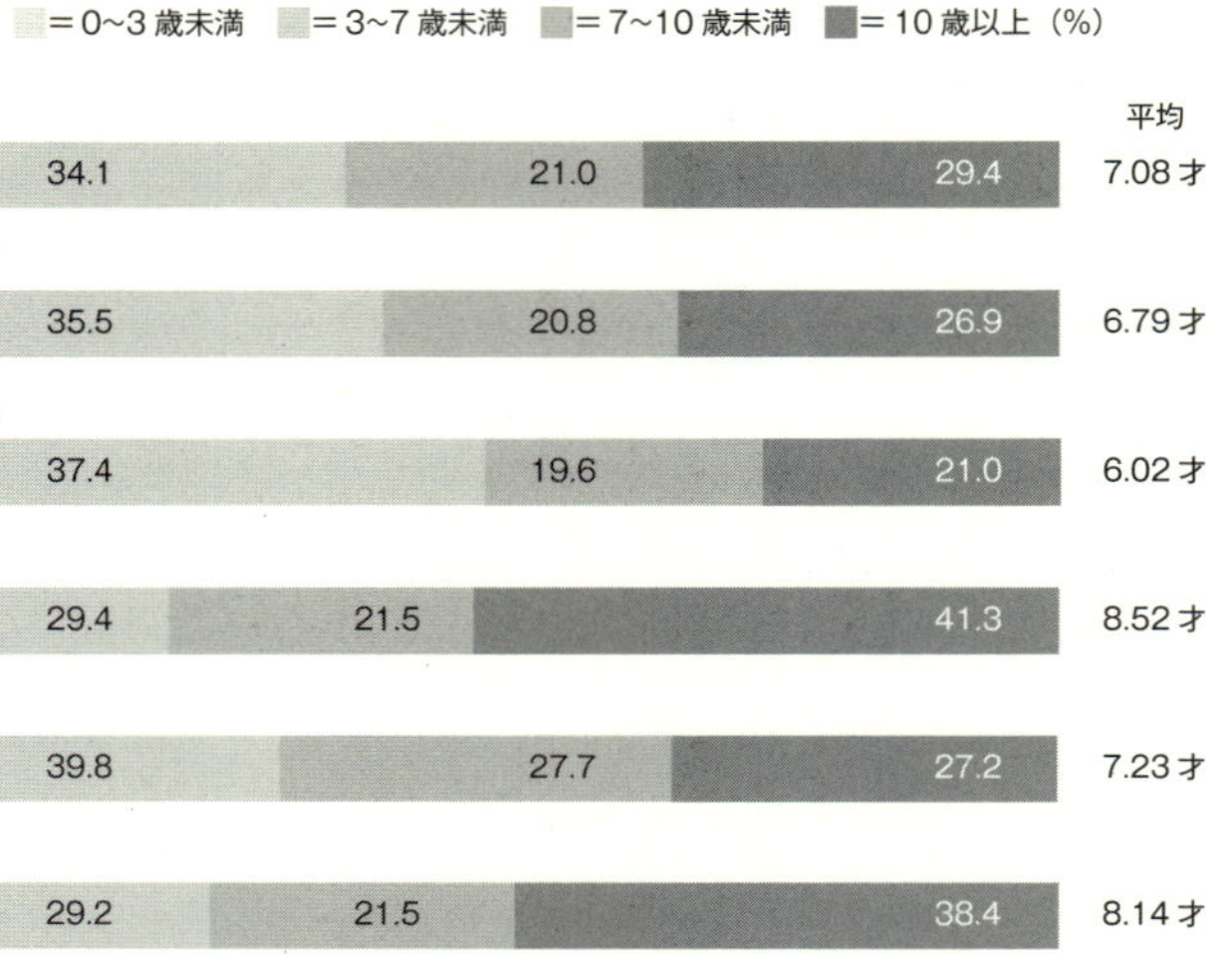

＊旅の販促研究所調査（2007年）

図表④ 飼育場所　□=主に室内　■=主に屋外（居住地別は犬オーナーベース）（%）

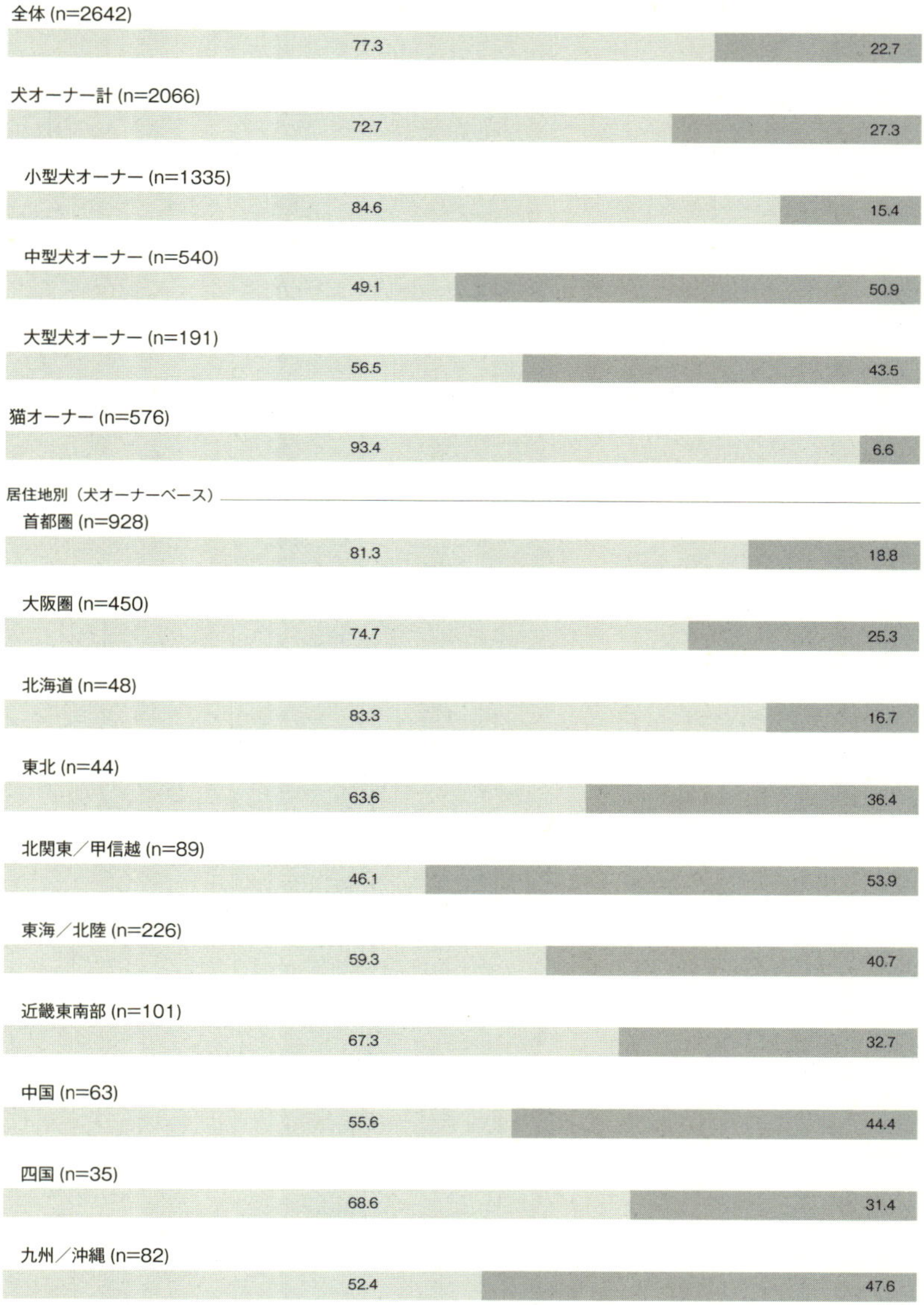

*旅の販促研究所調査（2007年）

3 犬旅の経験の実態

犬オーナーの半数が最近3年間に犬旅を経験

当章と次章においては「国内犬旅」について解説する。日本国外を目的地とする「海外犬旅」については、第8章で解説する。

では、実際にどれくらいのペットオーナーが犬旅に出かけているのだろうか。図表⑤は最近3年間の犬旅経験についての結果である。これを見ると、犬オーナーについては、ほぼ半数が最近3年間に犬旅を経験しており、「日帰り旅行」の経験者が34・2%、「宿泊旅行」が34・1%となっている。

犬のサイズ別の傾向を見ると、小型犬オーナーでは、なんと56・1%が何らかの犬旅を経験しており、「日帰り旅行」の経験者が36・9%、「宿泊旅行」が37・5%となっている。「宿泊旅行」では中型犬・大型犬オーナーの結果を大きく上回っており。犬のサイズ別の構成比から見ても、現在の犬旅、特に「宿泊旅行」については小型犬が圧倒的なシェアを占めていることが分かる。

鉄道や飛行機などの公共の交通機関やペット可の宿泊施設は小型犬に対しては対応しており、小型犬オーナーの旅の選択肢は広がっているが、中型犬、大型犬になるとまだまだ制限が多く、旅の計画を難しくしているのが現状であろう。それでも中型犬オーナーの41・9%、大型犬オーナーの

47・1％が何らかの犬旅を経験しており、決して経験率は低くはない。

“旅犬”を育てることが犬旅の課題

犬旅、すなわち犬を公の空間に連れて行くためには、ペットオーナーも犬もそれなりのマナーが必要となり、そのためには当然のことながら、トイレのマナーや無駄吠えをしない、マテ・スワレができることなどの「しつけ」が犬旅を楽しむための大きなポイントとなる。

今回の対象者でみると、犬のしつけの際に、「しつけは学校などに一定期間預けた」という犬オーナーは3・8％、「しつけの学校などに連れていって一定期間しつけた」オーナーは5・1％と、まだまだ専門のトレーナーによるしつけを行っているオーナーは少ない。普段の生活の中では特に問題なく過ごしていても、旅行となると犬も平常心ではいられなくなるため、様々なトラブルが発生しているようである。

図表⑤ 最近3年間の犬旅経験

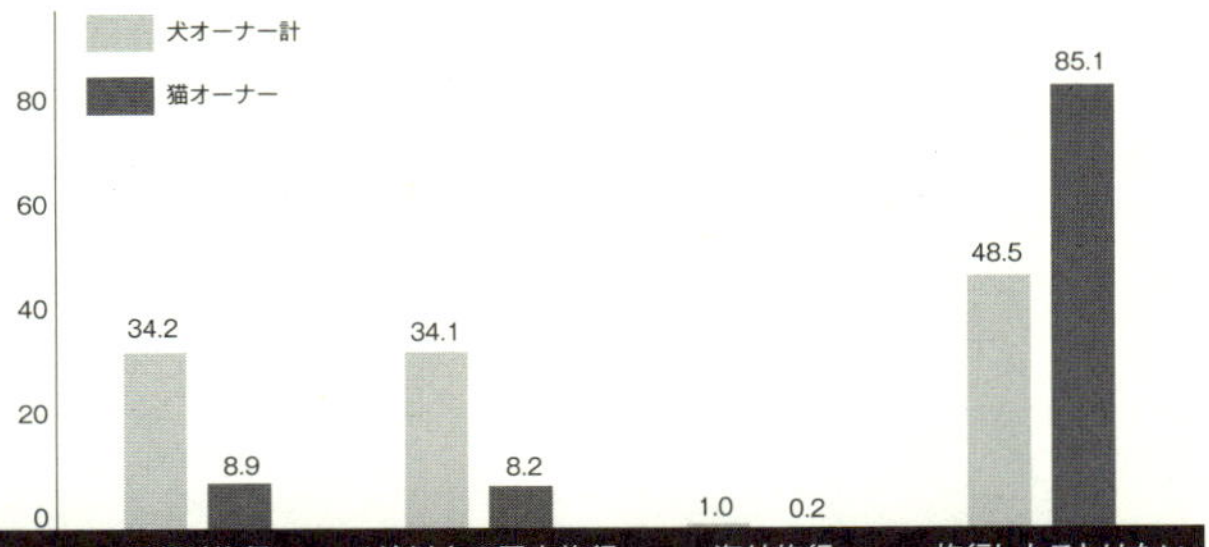

	n	日帰り旅行	1泊以上の国内旅行	海外旅行	旅行したことはない
全体	2642	28.7	28.5	0.8	56.4
犬オーナー計	2066	34.2	34.1	1.0	48.5
小型犬オーナー	1335	36.9	37.5	1.3	43.9
中型犬オーナー	540	26.9	26.9	0.4	58.1
大型犬オーナー	191	36.1	30.9	0.5	52.9
猫オーナー	576	8.9	8.2	0.2	85.1

*旅の販促研究所調査（2007年）

また、犬旅の移動手段としてはやはり周囲への気兼ねがいらないマイカーの利用が最も多いが、酔ってしまったり、トイレがうまくできなかったりといったトラブルもあり、乗り物での移動そのものに慣れていない犬も多いのではないか。今回の調査のオープンアンサーからも、そんな犬オーナーたちの苦闘ぶりがうかがえる。「犬旅」未経験者の理由（図表⑥）を見ても、犬オーナーでは「公共の交通機関や宿など、旅行の計画が難しい」、「公共の交通機関や宿など、人に迷惑をかけそう」と考える人が比較的多く見られ、多くのペットオーナーにとって、そのような気兼ねが犬旅の大きな阻害要因となっている。

アウトドアライターの斉藤政喜氏は、著書「犬連れバックパッカー」の中で、心ないブリーダーから弱りきったゴールデン・レトリーバーを買い取り、大阪からベビーカーで連れ帰る旅に始まって、最北の島礼文・利尻の旅、伊豆

図表⑥ ペットを旅行に連れて行かない理由（最近3年間犬旅未経験者ベース）（%）

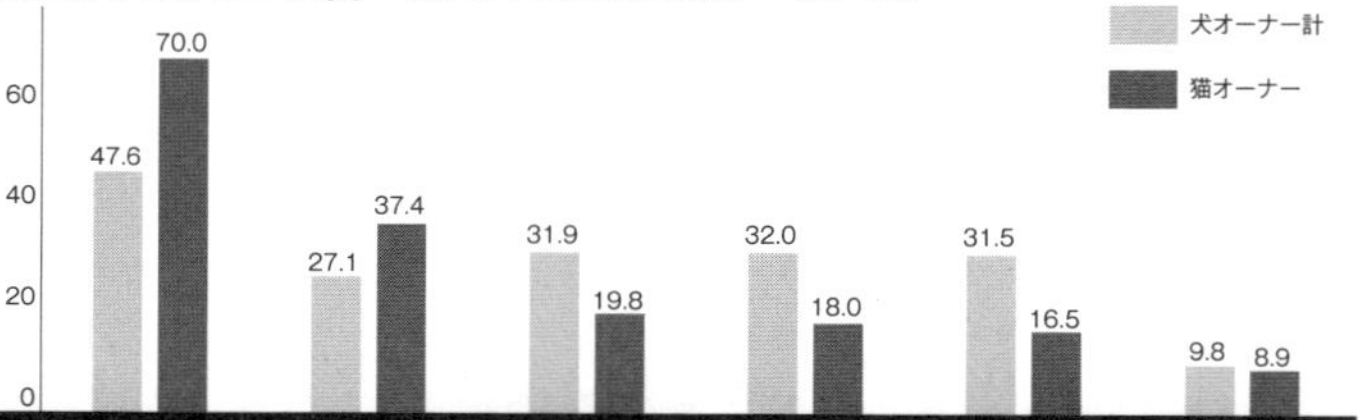

	n	環境が変わりペットにストレス・負担がかかる	旅行に連れて行きたいと思ったことがない	行きたいと思う旅行にペットを連れて行けない	公共の交通機関や宿など、旅行の計画が難しい	公共の交通機関や宿など、人に迷惑をかけそう	その他
全体	1328	55.3	30.6	27.7	27.2	26.3	9.5
犬オーナー計	868	47.6	27.1	31.9	32.0	31.5	9.8
小型犬オーナー	511	48.9	24.9	34.1	31.1	29.7	6.8
中型犬オーナー	277	47.7	31.4	27.8	32.1	34.7	12.6
大型犬オーナー	80	38.8	26.3	32.5	37.5	31.3	18.8
猫オーナー	460	70.0	37.4	19.8	18.0	16.5	8.9

＊旅の販促研究所調査（2007年）

大島横断、雪山の旅、紀伊半島旅行など日本全国をふたりで旅するうちに、次第に逞しい〝旅犬〟として育っていく日々を綴っている。犬旅を楽しくするためには、この本のような冒険までは必要ないが、一緒に旅をするパートナーとして、愛犬とともに外に出て広い世界を体験させ、愛情をもってしつけをし〝旅犬〟に育てていこうというペットオーナーの気持ちが、今後の犬旅の大きなポイントになるのではないか。

猫を楽しませるための旅行は存在するか?

一方、猫オーナーで最近3年間に何らかの旅行をしている人は15%程度と少なく、「日帰り旅行」、「1泊以上の国内旅行」ともに1割弱程度となっている。

猫は縄張り意識が強く、知らない場所に行くよりも住み慣れた家で過ごすことを好むようであり、猫を旅行に連れて行かない人の7割は、その理由として「環境が変わり、ストレス・負担がかかる」と回答している。旅行に連れて行くことのある猫オーナーでも、基本的には同様の考えのようであり、猫を楽しませることを目的とした旅行というよりも、後述するが「帰省旅行」、「別荘」など本人の移動が主目的で、比較的長期になり、家に置いて行けない場合の旅行が中心となっていることがうかがえる。旅行の行程や目的についてのオープンアンサーを見ても、猫の楽しみを想定しての旅行を目的としている人は見られなかった。

4 犬旅の動機・目的の実態

同じ〝家族〟でも目的の異なる犬・猫の旅

以下、国内の宿泊を伴うペット同伴旅行、すなわち犬旅についての質問に対する回答を解説し、その実態を明らかにしていきたい。

ペットオーナーとペットとの関係について確認したところ、犬・猫オーナーともに8割以上が自分とペットとの関係を「家族」と回答しており、前述の通りペットが家族化しペットオーナーとペットとの絆はより深まっているであろうことが、今回の調査でも確認できた。調査結果を見ると、この傾向は犬オーナーで強く出ているようである。犬オーナーの犬旅理由では61・9％が「家族だから当然」、59・0％が「家に置いていくのがかわいそう」としているほか、中型犬オーナーでは「人に預けるのがかわいそう」、大型犬オーナーでは「ペットを思いっきり遊ばせたい」がいずれも4割以上と多く見られた。まさに、自分の子供を旅行に連れて行く親の心境である。(図表⑦)

一方、猫オーナーは特性の違いからか犬オーナーとやや傾向が異なっており、「家に置いていくのがかわいそう」は58・6％と犬オーナーと同様の結果になっているものの、「家族だから当然」としている人は34・5％程度と少ない。また、猫の特性から動物病院やホテルに預けるのが犬と比べて難しいことから、「信頼できる預け先・施設がない」が32・2％と比較的多く見られる点も特徴となっている。

"ペットと一緒にいたいこと"が一番の目的

では、具体的にどのような目的で犬旅に出かけているのだろうか。図表⑧はオープンアンサーによりあげられた、犬旅の行程、目的等のコメントについてキーワードをカウントしたものである。まずトップには「帰省／実家」があげられた。やはり犬旅の宿泊場所としては最も気兼ねなく、ゆっくり、のんびりくつろげる実家は一番だろう。実家でゆっくりくつろぐだけではなく、実家を拠点にして近隣の観光地を回るケースなども見られる。2位は「自動車利用／ドライブ」。これも最も周囲に気兼ねのいらない交通手段だ。犬旅のスポットは大都市からアクセスのよいリゾート地が中心となっているが、ポイントへのアクセスという意味ではマイカーでの移動が最も便利である。また、ドッグランを設置したサービスエリアなども増えており、マイカーでの犬旅は今後ますます

図表⑦ 犬旅の目的・理由　（最近3年間犬旅件数ベース）（%）

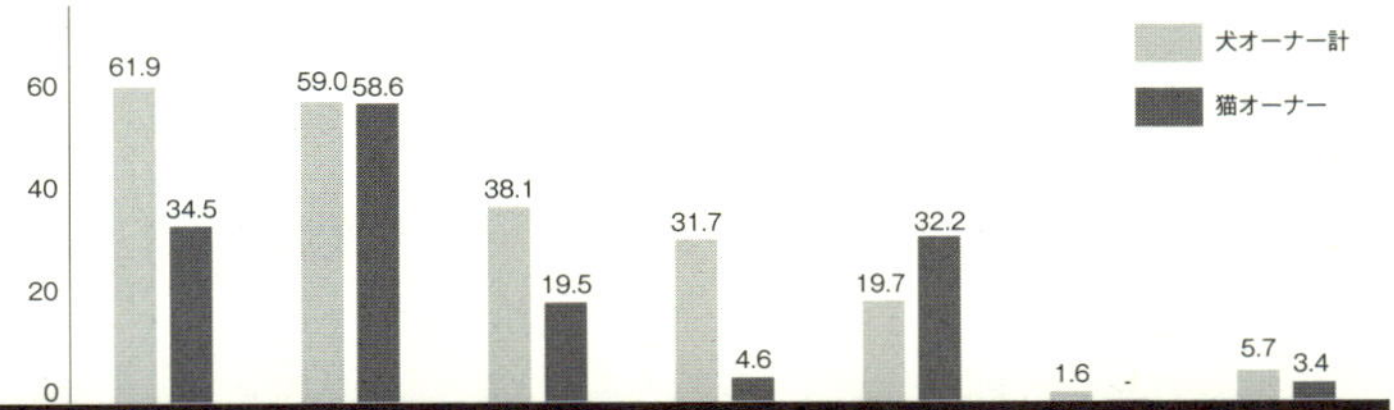

	n	家族だから当然	家に置いていくのがかわいそう	人に預けるのがかわいそう	ペットを思いっきり遊ばせたい	信頼できる預け先・施設がない	ペットの大会やイベントに参加	その他
全体	1561	60.4	58.9	37.0	30.2	20.4	1.5	5.6
犬オーナー計	1474	61.9	59.0	38.1	31.7	19.7	1.6	5.7
小型犬オーナー	1023	62.0	58.7	37.2	29.7	19.6	1.8	5.2
中型犬オーナー	324	61.1	62.3	42.6	33.0	19.1	0.6	6.2
大型犬オーナー	127	63.8	52.0	33.1	44.1	22.0	2.4	8.7
猫オーナー	87	34.5	58.6	19.5	4.6	32.2	-	3.4

＊旅の販促研究所調査（2007年）

楽しくなってくると思われる。

3位から5位は「観光/行楽」、「家族旅行」、「温泉」と一般的な旅行目的が並んだが、これが現在の犬旅の特徴ともいえるのではないだろうか。一見、ペットとは結びつかないワードが並んでいるが、多くの制約は伴うものの、ペットオーナーとしては人間の家族と同様、「家族」であるペットと〝普通〟に旅行に行き、当然のことながら「温泉」も一緒に楽しみたいのだ。

6位から8位は「(貸)別荘」、「キャンプ」、「海水浴/海/川遊び」が並んだ。リゾート地で最も気兼ねなく宿泊できる宿、周りをあまり気にせずに思いきり犬と遊ぶことのできる自然のフィールドだ。特に犬オーナーでは、自然の中で愛犬を思いきり遊ばせたいと考える人が多い。そのほか、諸々の目的があげられているが、〝犬と一緒に旅行したかったから。それが最優先の目的で、行き先はある意味どこでもよかった〟というコメントに代表されるように、制約がある旅行にはなるが、そのような中でもとにかく愛犬、愛猫と一緒に旅行がしたいという気持ちが現在の犬旅のベースとなっているものと思われる。

図表⑧ 犬旅の行程・目的など (自由回答のキーワードをカウント)(件)

		合計	小型犬	中型犬	大型犬	猫
1	帰省/実家(宿泊)	346	226	64	26	30
2	自動車利用/ドライブ	251	146	77	17	11
3	観光/行楽	185	134	31	15	5
4	家族旅行	128	92	21	6	9
5	温泉	125	90	22	6	7
6	(貸)別荘	123	67	34	10	12
7	キャンプ	96	62	20	13	1
8	海水浴/海/川遊び	85	55	18	9	3
9	ペンション	85	60	19	3	3
10	ホテル	84	56	22	3	3
11	親戚/知人/友人を訪ねる	73	42	20	4	7
12	1泊2日	72	49	16	5	2
13	親戚/知人/友人宅	68	41	16	4	7
14	2泊3日	63	45	12	3	3
15	ペット可ホテル	44	34	7	3	-
16	ドッグラン利用	43	25	14	4	-
17	ログハウス/コテージ/ロッジ	40	30	6	4	-
18	旅館	39	21	12	2	4
19	ペット可ペンション	36	23	7	6	-
20	スキー/スノボー/雪遊び	32	19	6	7	-
21	軽井沢	30	18	8	1	3

*旅の販促研究所調査(2007年)

犬旅の動機・目的についての調査対象者のコメント（旅行先・ペット種別・ペットオーナー性別年齢）

「ワンちゃんを思いっきり遊ばせたいのでドッグランに行った。目的はワンちゃんのストレス発散と私の誕生日だったということ」（静岡・小型犬・女性29歳）

「大自然の中なので、鹿や狸、狐など様々な動物に出会い、いつも目を輝かせて野生に戻っている姿を見ると嬉しい」（長野・小型犬・女性33歳）

「泳ぎが好きなので、きれいな海で泳がせたかった」（静岡・大型犬・女性56歳）

「自然の中で遊ばせたくて連れて行ったが、犬には自然は不向きだったことが分かった」（神奈川・小型犬・男性34歳）

「ペットを犬用リュックに入れてスキーで滑っていたので、スピードが出せなかった」（長野・小型犬・女性44歳）

「ホテルで開催しているイベントに参加し、優勝することができてとても嬉しかった。まさか自分の犬がここまでできるとは思わなかった。そのような機会を設けてくれたホテルに感謝している」（静岡・中型犬・女性33歳）

「老齢化し目も耳も悪く、臭いだけが頼りの犬ですが、車が大好きなことと、喜怒哀楽の表情があるうちに思い出を作りたいと、温泉近くの民宿で1泊2日をゆっくり過ごしました。愛犬の記憶に刻みこまれたことを願いつつ」（和歌山・小型犬・女性58歳）

「一緒に旅行に行けると、他に預けたときよりペットのストレスがなく、安心なので」（千葉・小型犬・女性33歳）

「犬の施設に預けると、犬が寂しがって手足をかんだりするので」（千葉・大型犬・男性67歳）

5 犬旅のデスティネーションの実態

人気スポットのある県が上位にランクイン

図表⑨は、最近3年間の犬旅のデスティネーションを確認した結果である。「長野」が11・0％でトップ。以下、「静岡」8・3％、「山梨」6・5％、「神奈川」5・4％、「北海道」・「千葉」・「群馬」・「兵庫」（いずれも5・1％）の順となっており、やはり、ペット旅行のガイドブック等で紹介されている人気のエリア・スポットのある県が上位にランキングされた。「北海道」以外はいずれも大都市圏からアクセスが良いエリアで、ペット宿泊可能な施設やドッグランなどの犬用の施設が充実しているだけではなく、ショップ、レストラン、カフェなどエリア内全体が犬旅を温かく迎え入れているエリアといえる。図表⑨で一目瞭然だが、犬旅デスティネーションは東高西低といえる。

首都圏からアクセスの良い有名リゾート地――長野・静岡・山梨・神奈川――

長野県の犬旅スポットといえばまず軽井沢であろう。東京からのアクセスも便利で、ペットと歩きやすい、ペットに優しいリゾートとして各種ガイドブックで紹介されている。ホテルやドッグラン等の施設が充実しているだけではなく、ペット用品やウェアのショップ、トリミング店、犬の入店が可能なショップやカフェなどが続々と増えており、旧軽井沢銀座やチャーチストリートを犬と一緒にぶらぶら歩けるのが魅力。むしろペットを連れている方がステイタスが高い気分を味わえるともいえるリゾート地である。〝信州方面は、ほかの地域と比べて、ペット同伴可能な施設が充実していた〟というコメントのように、蓼科・白樺高原、黒姫高原、妙高高原など、長野県は犬旅スポットが豊富だ。

静岡県は伊豆高原や熱川・南伊豆などが犬旅の人気のスポット。ペット専用ペンション、ドッグラン、ペットの入館可能な美術館、カフェ、レストラン等が充実している。

山梨県の清里・八ヶ岳高原なども、軽井沢に近い位置付けになるだろう。「八ヶ岳わんわんパラダイス」、「清里ＷＡＮＷＡＮパーク」などの自然の中の広大な敷地を利用した施設が多く、思いきり愛犬を遊ばせることができるエリアだ。河口湖・山中湖周辺も人気で、スポットとしては富士の裾野の広大な敷地を使い、犬と遊べる多くの施設を備えた「富士スバルランド・ドギーパーク」が有名。

神奈川県は箱根の高級リゾートホテル「ハイアットリージェンシー箱根リゾート＆スパ」がドッ

図表⑨ 最近３年間の犬旅デスティネーション
(n=1561 最近3年間の犬旅件数ベース)
(%)

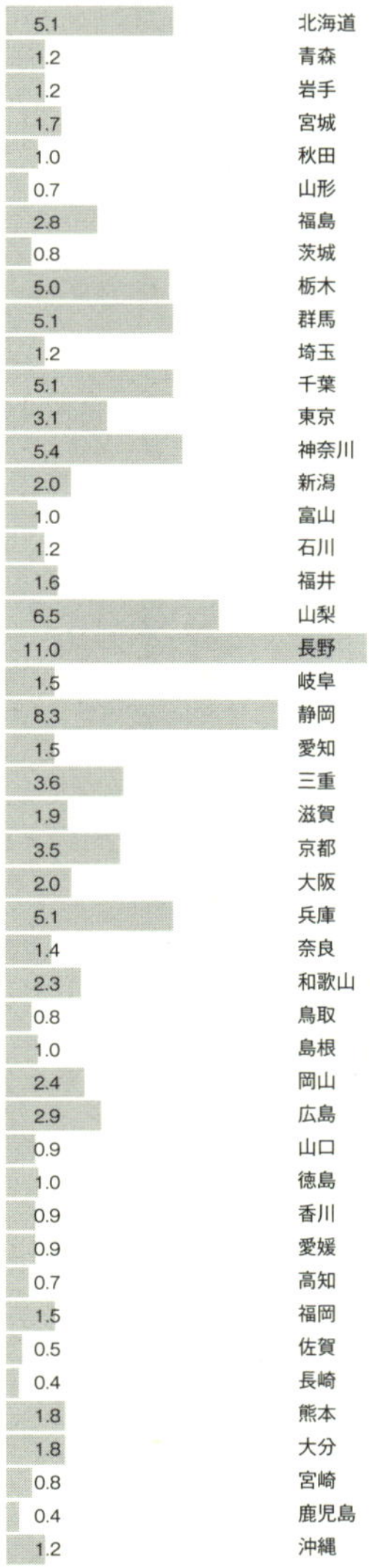

*旅の販促研究所調査（2007年）

グフレンドリールームを設けたことで話題となっている。

魅力的な犬旅デスティネーション——北海道、関西では淡路島——

北海道は、道内の人による旅行が半数を占めているが、北海道以外からの旅行者は首都圏居住者が3割弱、大阪圏と東海・北陸が1割強となっており、大都市圏からの旅行者が中心となっている。北海道となると飛行機かフェリーでの移動が必要となる。夜行寝台列車を利用するケースも見られる。飛行機でのペットの移動には抵抗を感じているペットオーナーも多いが、それでも愛犬とスケールの違う大自然の中で思いきり楽しめる北海道は多くのペットオーナーにとって、魅力的なエリアなのではないか。〝Dog Hospitality Resort〟をうたう「旭川パークホテル」では全天候型ドッグラン、ドッグスパを始め、館内のアミューズメント施設も愛犬と楽しめるホテルで、今回の調査でも利用経験者が見られたが、〝犬も1人のゲストとして迎えいれてくれる〟宿と高く評価されている。

また、犬旅デスティネーションを概観すると東日本のほうが優勢に見える。西日本では兵庫県が最も上位にあげられた。兵庫県の犬旅スポットといえば淡路島であろう。関西圏からは明石海峡大橋でアクセスがよく、ペット専用のペンションが多いエリアだ。また、琵琶湖や白浜温泉なども人気がある。九州の熊本阿蘇も有名な犬旅スポットだ。

リゾートばかりではない犬旅デスティネーション——東京・京都——

東京や京都なども3％台とリゾートに向かうのみではなく、街を楽しむ犬旅も比較的多く見られる。〝東京はペットをキャリーバッグに入れれば、入店可能な店が多い〟というコメントのように、ペットグッズのショップやカフェ、ドッグランの充実した「お台場」や「豊洲」など東京にもペット連れで楽しめるエリアは多い。人気のペットブランドショップなど、一度訪れてみたいと思っているペットオーナーも多いのではないか。京都の古い街並みをペットと散歩するのも素敵だ。

人気エリアについての調査対象者のコメント

「1日目、軽井沢アウトレット→公園（ドッグラン、ボール・フリスビー、子供はサッカー、キャッチボール）→奥菅平（ペンションチロル）、2日目、ダボスの丘（散策、ボール・フリスビー）→軽井沢ペンションラモー、3日目、軽井沢アウトレット→帰宅」（長野・中型犬・女性42歳）

「1日目は清里へ、萌木の村や清泉寮。夜は犬ＯＫのペットペンションに宿泊。2日目は雨で八ヶ岳のアウトレットへ行って、帰路へ」（山梨・小型犬・男性31歳）

「伊豆高原へ行きドッグフォレストという犬同伴で入れる施設で散歩や買い物をしたり、海洋公園の散歩やドッグカフェなど同伴できるレストランで食事をしました。宿泊は伊豆高原のペンションです」（静岡・小型犬・女性46歳）

「旭川パークホテルでは〝わんちゃんのためのホテル〟ということもあり、1人のゲストとして迎えいれてくれ、ドッグスパ、ドッグラン、食事もよかった」（北海道・小型犬・女性37歳）

「犬を北海道の大自然の中で遊ばせられたことが一番良かった。飛行機は怖いみたいだったが、大自然の中を走り回る犬は一番楽しそうに見えた」（北海道・小型犬・女性26歳）

6 犬旅の利用交通機関の実態

犬旅は圧倒的にマイカー利用

最近3年間の犬旅で利用された交通機関は図表⑩の通りである。犬・猫オーナーともに9割以上の旅行でマイカーが使用されており、公共の交通機関の利用が制限される中型犬・大型犬オーナーではほとんどの旅行がマイカーとなっている。

犬旅では移動中の乗り物酔いやトイレが一番の気がかりであり、こまめにサービスエリアに止まりペットを休ませるなど、ペットオーナーはいろいろ苦労しているようであるが、そんなニーズに対応して高速道路のSA・PAではドッグランやペット用の施設を併設するところが増えており、犬旅の環境は急速に整いつつある。また、NEXCO東日本では2007年10月から管轄エリア内のSAで、これまで人気だった「どら弁」(その地域の特産物を使った郷土の味わいが楽しめるお弁当)のペット版「どら弁当ポチ」の販売を開始するなど、SA自体が犬旅スポットになりつつある。

ペットオーナーのストレスになりそうな鉄道での犬旅

一方、鉄道・新幹線については、猫オーナーで最近3年間の犬旅での利用者が12・6%と比較的多く見られるが、小型犬オーナーでは7・8％程度となっている。JRや多くの私鉄はケージに収納し、規定の重量以下であれば〝手回り品〟として車内への持ち込みが可能である。しかし、マイカーでの移動やペットの専用室に預ける飛行機と異なり、鉄道は完全に公共の空間であるため、移動中のペットオーナーの気がかりは大きいだろう。ケージに入れていても、周りの乗客の音などに反応し吠えだしたり、ケージをそのまま席に置いてトイレに行くことができなかったりと、鉄道での移動ではペットオーナーのストレスがありそうだ。

離れ離れの搭乗が心細い飛行機利用

飛行機は最近3年間の犬旅で、犬オーナーの4・5％、猫オーナーの3・4％が利用している。

以前はJAL、ANAともに小型犬や猫（10kg以下）であればケージに入れ客室に持ち込むことができたが、ANAは2005年7月、JALは2006年4月にサービスを中止した。現在はケー

図表⑩ 犬旅で利用した交通機関　（最近3年間の犬旅件数ベース）（%）

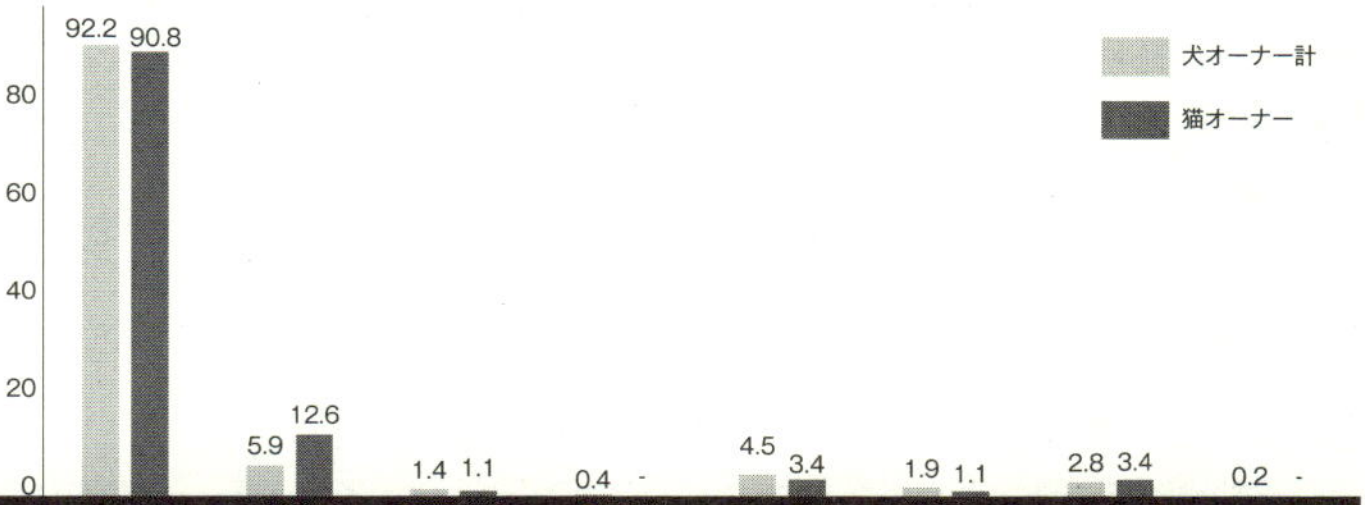

	n	マイカー	鉄道・新幹線	長距離を除くバス	長距離バス	飛行機	フェリー・客船	レンタカー	その他
全体	1561	92.1	6.3	1.4	0.4	4.5	1.9	2.9	0.2
犬オーナー計	1474	92.2	5.9	1.4	0.4	4.5	1.9	2.8	0.2
小型犬オーナー	1023	89.4	7.8	1.8	0.4	6.0	2.2	3.4	0.2
中型犬オーナー	324	98.1	2.2	0.9	0.6	1.9	0.9	2.2	-
大型犬オーナー	127	99.2	-	-	-	-	1.6	-	0.8
猫オーナー	87	90.8	12.6	1.1	-	3.4	1.1	3.4	-

*旅の販促研究所調査（2007年）

ジに入れ手荷物として専用室に預ける制度となっており、手続きを済ませてからケージに入れたまま預けることになるため、この時点で多くのペットオーナーはかなり心細い気持ちになるようである。また、自分の〝家族〟を〝手荷物〟とモノとして表現されることにも抵抗を感じる人も多いようである。

しかし、ＪＡＬは「ペットとお出かけサービス」、ＡＮＡは「ペットらくのりサービス」として、専用カウンターを設けペット旅行に対応しており、価格的にも以前と比べ利用しやすくなっている。さらに、「ＪＡＬペットクラブ」、「（ＡＮＡ）ペットｄｅマイル」等のポイント加算のサービスなども行っており、犬旅経験者が増え旅の内容も多様化していく中で、飛行機の利用も確実に増えていくものと思われる。

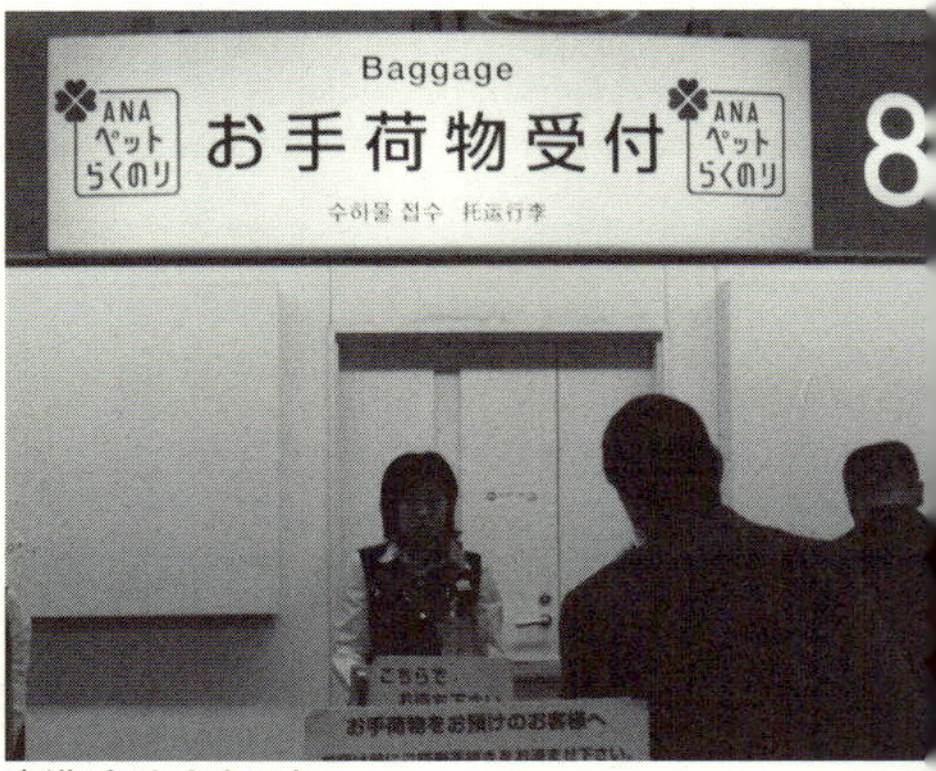

空港ペットカウンター

移動方法、交通機関についての調査対象者のコメント

「サービスエリアはマメに寄った。また、お盆の時期の帰省だったため、通常は埼玉から大阪まで7時間で帰れるところを18時間かかってしまい大変だった」（大阪・小型犬・女性39歳）

「自家用車だったので気兼ねもなく自由に行動できるので、ペットにも負担がかからなかったと思います」（大分・猫・女性53歳）

「高速道路の休憩所には犬がとても多いことに驚きます。自分も連れているわけですが、みなマナーを守っているようでウンチが落ちていることもありません。犬連れではない方に気軽

に声をかけられるのも楽しいものです」（愛知・小型犬・女性39歳）

「新幹線でトイレに行くとき、荷物のように座席においては行けないので、いちいちバッグに入れて連れていかなくてはいけないことが大変でした」（愛知・小型犬・女性36歳）

「新幹線の中で乗客の子供が泣き出し、おとなしくしていたのにキャリーバッグの中で唸り声をあげて困った。新富士駅から富士登山帰りの集団が鈴のついた杖をつきながら新幹線に乗り込んできた。案の定キャリーバッグの中でワンワン吠え出し、指定席だったがあきらめて席を離れてキャビンで立って行った」（静岡・小型犬・男性42歳）

「犬の親戚や、友人に会うために出かけた。行程は、練馬ＩＣから青森ＩＣまでマイカーで出かけ、そこからフェリーに乗り函館、札幌、旭川、紋別まで行きＵターンしてきた」（北海道・中型犬・女性33歳）

「帰りの飛行機で、機内整備不良により1時間出発が遅れた。犬は預けてしまった後だったので、どうしているか心配だった」（沖縄・小型犬・女性36歳）

「飛行機に乗る前、小さなケージに入れられて移動するが、着陸後ケージから飛び出してきて、抱かれたときの表情が忘れられない」（北海道・小型犬・女性61歳）

「飛行機に手荷物として乗せられてしまうのが非常に心配。どんな状況かも分からず、体の状態も心配」（福岡・小型犬・女性59歳）

7 犬旅の旅行頻度・日数の実態

犬オーナーは年1回ペース

宿泊を伴う犬旅の頻度と旅行期間の傾向を見てみよう。最近3年間の犬オーナーにおける宿泊を伴う犬旅の平均回数は3・1回であり、ほぼ年1回ペース。内訳は1～2回が57・7％、3～4回が22・6％、5回以上が19・7％となっている。（図表⑪）

一方、猫オーナーの平均は2・2回と、犬オーナーの3・1回を大きく下回っており、1～2回が7割を占めている。単身者でも1～2回が7割以上を占めており平均は2・8回とやや低い。

旅行日数は2～3日、夏休みとGWに

旅行日数は犬オーナーでは2日が50・4％、3日が30・3％と2～3日で8割を占めている。オープ

図表⑪ 最近3年間の犬旅頻度　=1回　=2回　=3回　=4回　=5回以上（最近3年間の犬旅オーナーベース）（%）

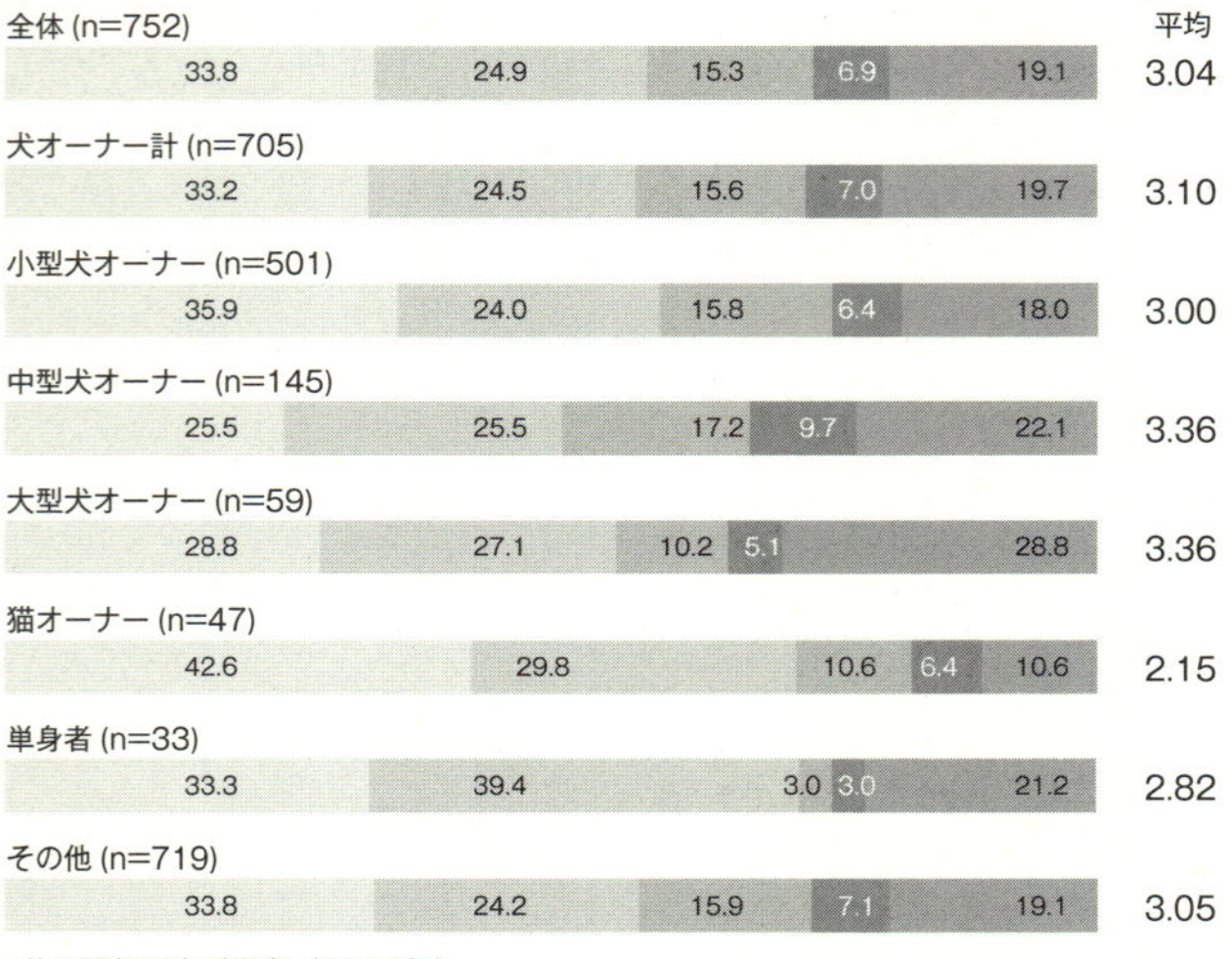

＊旅の販促研究所調査（2007年）

ンアンサーを概観すると、犬に与えるストレスなどを考えると車でアクセスできる近距離のリゾート地などで、1~2泊程度の旅行を考える犬オーナーが多いようである。大型犬オーナーでは5日以上が16・5%と小型犬、中型犬を上回っているが、これは「実家」への帰省旅行が最も多いことが要因となっていると思われる。中には、マイカーでゆっくり本州を旅行しながら移動しフェリーで北海道まで渡るというというペットオーナーも見られた。（図表⑫）

一方、猫オーナーでは、2日が40・2%、3~4日が33・3%、5日以上が26・4%と犬オーナーと比べ旅行期間は長めである。実家への帰省や別荘を利用した比較的長期間の旅行が多いことがその要因となっているものと思われる。

旅行時期は、犬オーナー、猫オーナーともに「8月」の夏休みシーズン、「5月」のゴールデンウィークシーズンでの旅行が多くなっているほか、犬オーナーでは「9月」10・7%、「7月」8・8%と

図表⑫ 犬旅日数　=2日　=3日　=4日　=5日以上　（最近3年間の犬旅件数ベース）(%)

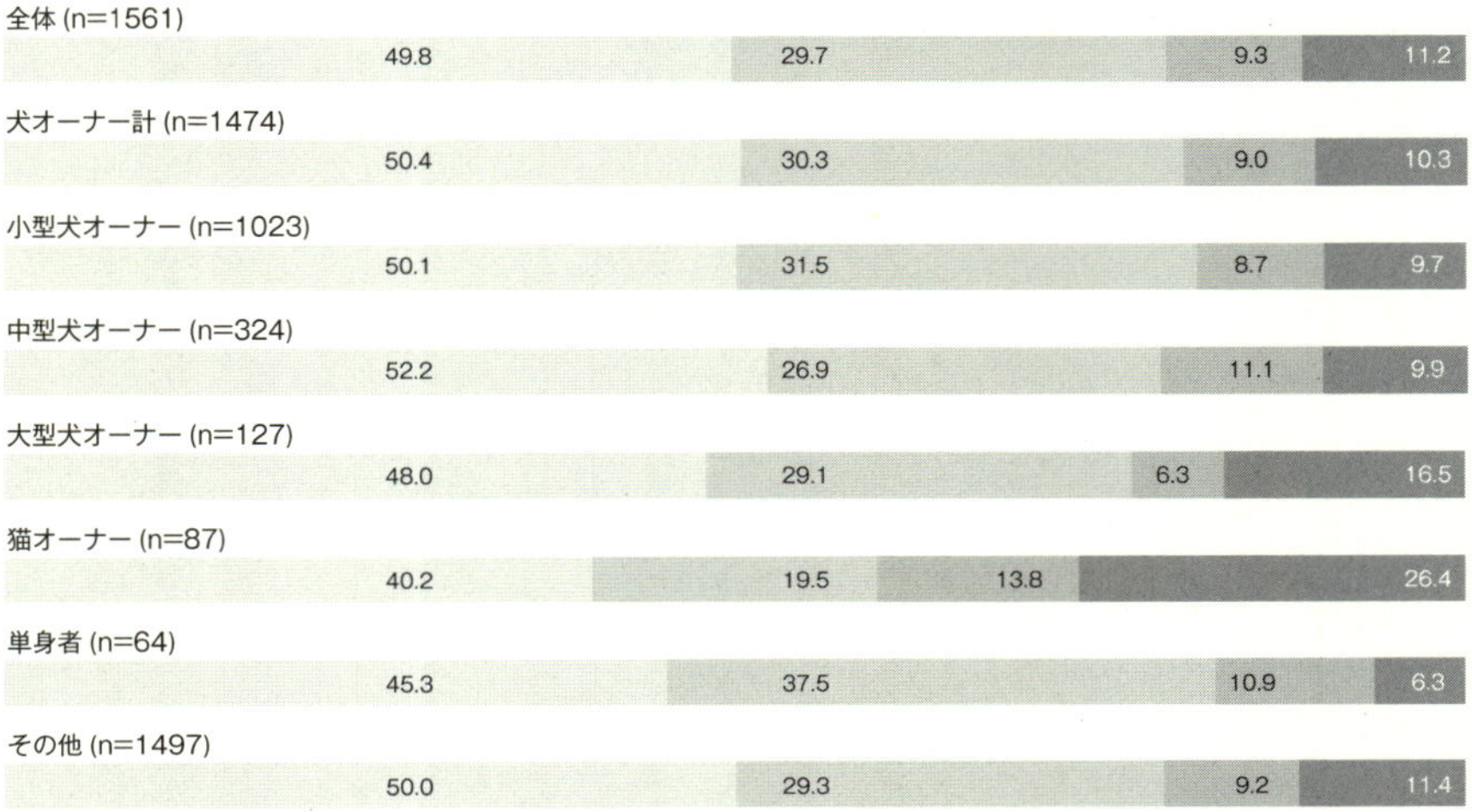

＊旅の販促研究所調査（2007年）

夏を中心とした旅行が比較的多く見られ、猫オーナーでは「1月」の旅行がゴールデンウィークと並んでいるのが目立つ。帰省時の同伴が多いためと思われる。（図表⑬）

意外と大変そうな犬旅携行品

現在の犬旅がマイカーでの移動や1〜2泊の旅行が中心になっている要因として、犬旅に必要な携行品も大きなウェイトを占めているのではないだろうか。図表⑭は犬旅の際にペットオーナーが携行しているグッズである。犬、猫オーナーともに、日頃から食べ慣れている「ペットフード」は必携品。そのほか、犬オーナーは「おやつ」、「食器」、「飲料水」、「タオル」、「トイレセット」など、猫オーナーは「トイレセット」、「キャリーバッグ」などが主な携行品となっている。周囲への配慮から「消臭スプレー」や「粘着ローラー」「グルーミンググッズ」等を携行している犬オーナーは2〜3割と比較的多く見られる。これらは犬旅の必携品といえそうだが、

図表⑬ 犬旅旅行時期　（最近3年間の犬旅件数ベース）（%）

＊旅の販促研究所調査（2007年）

宿泊施設などであらかじめ用意されていれば携行しなくてもよいものもありそうだ。宿泊施設の付加サービスとしてヒントとなりそうである。

犬旅では僅かな移動でも、人間の荷物とペットそのものに加え、これだけの携行品が必要となるのである。赤ちゃんを連れての旅によく似ているといえよう。

調査対象者のコメント

「3泊以上のペット連れの旅行は初めてで、出かける前は多少の不安があったが、トラブル等もなく、思い出の1ページとなった」（東北・中型犬・女性48歳）

「夏休みを利用し、マイカーによる北海道までの旅行。信州・東北を経て仙台からフェリーで苫小牧へ渡り、旭川までの往復旅行。利用した宿は全てペットと同室に泊まれる旅館・ペンションでした」（北海道・大型犬・女性52歳）

図表⑭ 犬旅携行グッズ　（最近3年間の犬旅経験者ベース）（%）

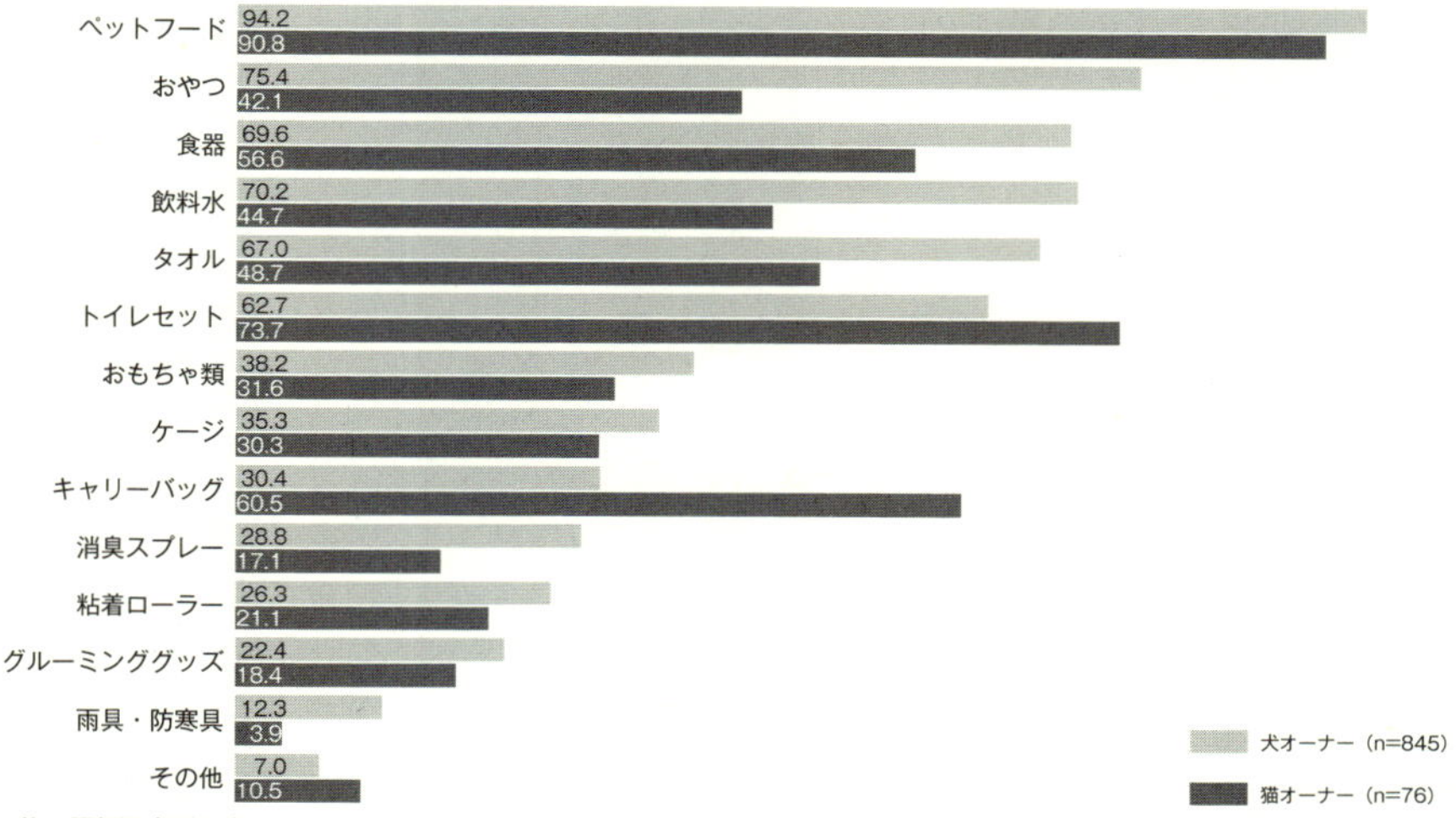

＊旅の販促研究所調査（2007年）

8 犬旅の宿泊施設の実態

トップは「実家」、犬は「ホテル」「ペンション」、猫は「別荘」

犬旅の計画では、旅行先での宿泊施設の選定が最も重要なポイントである。図表⑮は最近3年間の犬旅で利用した宿泊施設の実態である。犬、猫オーナーともに「実家」が最も多くあげられており、帰省旅行が犬旅の大きな機会になっていることが分かる。

犬オーナーの犬旅では、「ホテル」18・5%、「ペンション」17・0%の利用が次いでおり、実際にペット可のホテルやペンションが多く存在していることが分かる。ホテルやペンションなどでは制限の多い大型犬オーナーでは「キャンプ場」も16・5%と多く見られ、犬を楽しませることを目的とした旅行が多そうだ。

それに対し、猫オーナーは「別荘」が18・4%で2位、「友人・知人宅」が11・5%で4位となっており、観光旅行というよりも、猫オーナーの生活空間の移動に猫を同伴する形の旅行が中心となっていることがうかがえる。

"人"も満足できる施設が求められている

図表⑯は、オープンアンサーにより確認した「ホテル」、「旅館」、「ペンション」、「コンドミニア

図表⑮ 犬旅で利用した宿泊施設　（最近3年間の犬旅件数ベース）（%）

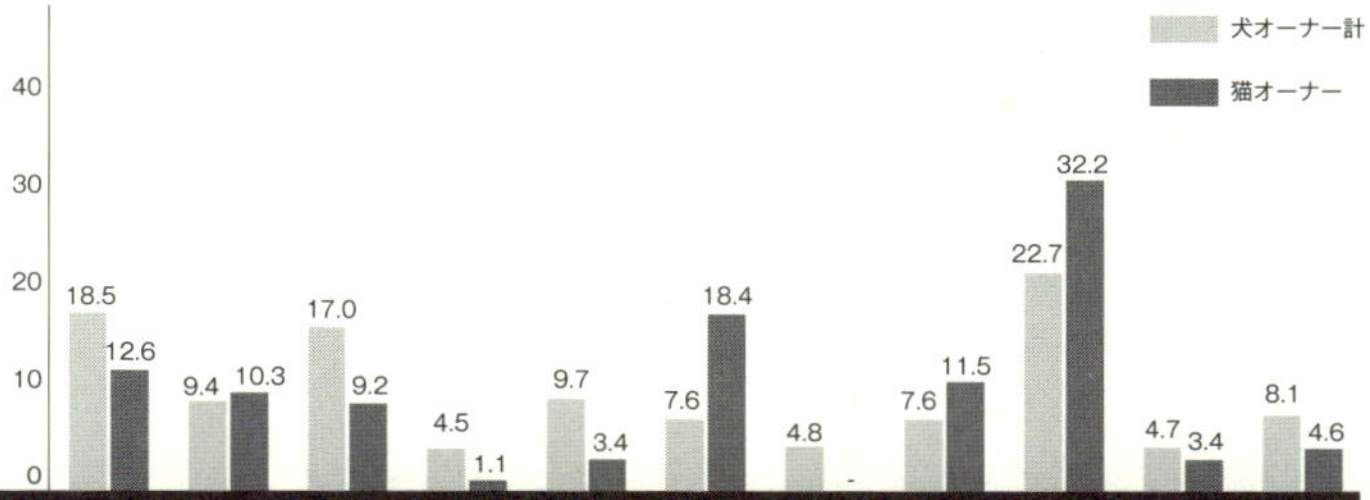

	n	ホテル	旅館	ペンション	コンドミニアム	キャンプ場	別荘	貸別荘	友人・知人宅	実家	車の中	その他
全体	1561	18.1	9.5	16.5	4.4	9.4	8.2	4.5	7.8	23.2	4.7	7.9
犬オーナー計	1474	18.5	9.4	17.0	4.5	9.7	7.6	4.8	7.6	22.7	4.7	8.1
小型犬オーナー	1023	20.2	10.0	18.1	4.6	8.1	6.5	4.7	8.2	22.7	3.6	6.9
中型犬オーナー	324	13.0	9.0	13.9	3.1	12.0	12.7	4.9	7.4	20.7	7.1	12.7
大型犬オーナー	127	18.1	6.3	15.7	7.9	16.5	3.9	5.5	3.1	27.6	7.9	6.3
猫オーナー	87	12.6	10.3	9.2	1.1	3.4	18.4	-	11.5	32.2	3.4	4.6
単身者	64	26.6	12.5	14.1	4.7	6.3	-	3.1	18.8	21.9	4.7	3.1
その他	1497	17.8	9.4	16.6	4.3	9.5	8.6	4.6	7.3	23.2	4.7	8.1

＊旅の販促研究所調査（2007年）

図表⑯ 宿泊施設に対する不満点・要望　（自由回答のキーワードをカウント）（件）

	合計	ホテル	旅館	ペンション	コンドミニアム	キャンプ場
① 部屋が汚い / 掃除が行き届いてない	39	12	8	15	2	2
② 食事が美味しくない / 良くない	20	5	4	9	2	-
③ 部屋が狭い	18	2	1	11	2	2
④ 食堂に入れない / ペットが入れない場所がある	15	6	2	5	1	1
⑤ 吠えている犬がいて迷惑だった	14	3	2	2	-	7
⑥ 犬用の備品が充実していない	14	5	3	5	-	1
⑦ ドッグランが充実してない	13	5	1	5	1	1
⑧ 室内の備品 / 環境 / 設備が充実してない（人向け）	13	4	1	4	2	2
⑨ 犬用施設 / サービスが充実してない	13	5	-	6	1	1
⑩ 建物が古い / 良くない	12	4	4	3	1	-
⑪ お風呂が汚い / 狭い / 良くない	12	2	1	7	-	2

＊旅の販促研究所調査（2007年）

ム」、「キャンプ場」利用者の施設に対する不満をカウントしたものである。

不満点のトップ3は「部屋が汚い／掃除が行き届いていない」、「食事が美味しくない／良くない」、「部屋が狭い」となっており、ペットに対応した施設／サービスに関する不満を上回っているのが注目される。前述の通り、犬オーナーの多くは犬を楽しませることを目的に犬旅を行っているが、8位の「室内の備品／環境／設備が充実していない」、10位の「建物が古い／良くない」と「お風呂が汚い／狭い／良くない」も含め、宿泊施設に対しては〝人〟が満足できるレベルを求めているのが興味深い。旅行に対する要求としては極めて当たり前のことばかりであるが、ペットを受け入れる施設では、ペットを気持ちよく受け入れる代わりに人間への当たり前なサービスはちょっと我慢してください、という実態があるのかもしれない。

「食堂に入れない／ペットが入れない場所がある」が4位にあげられている。ペット宿泊専用の宿ではない施設もあるため仕方のないことかもしれないが、食事中や入浴中にペットを部屋に置いていく際の不便さなど、ペットオーナーの気持ちを考えると理解できる不満だろう。「吠えている犬がいて迷惑だった」が（5位）であるが、これはペットオーナーサイドのしつけの問題。「犬用の備品が充実していない」（6位）、「ドッグランが充実していない」（7位）、「犬用施設／サービスが充実していない」（9位）等、犬に対するサービスの不満はこの位置になっている。

旅行に限らずペットに対するサービスが充実し、犬旅経験者が増えていく中で、犬に対する設備や備品、サービスの充実がますます求められていくものと思われるが、それ以上に人間が満足する施設やサービスを求める傾向があるようだ。

また、オープンアンサーを概観すると、現状では宿泊施設の選択肢が少ないこともあり、一度行って気に入った施設に毎年行っているというペットオーナーが多く見られるのも犬旅における宿泊施設利用の特徴となっている。

宿泊施設に対する調査対象者のコメント

「ドライブをしながらペットＯＫの貸別荘に宿泊しました。１棟貸切のため、別荘内外でペットを自由に遊ばせることができ、数年前からほとんど毎年利用しています」（栃木・中型犬・男性33歳）

「秩父市のキャンプ場に２組の家族で行きました。ペットホテルではストレスのため体調を崩しやすいので、キャンプ場のバンガローで家族と一緒に過ごしました」（埼玉・小型犬・男性37歳）

「家族でキャンプ場に行きました。犬を連れて出かける所というと限られてくるのが現状。気を遣わず泊まれるのはやはりキャンプ場ですね」（三重・小型犬・男性41歳）

「ホテルの部屋やレストランなど全て一緒に行動でき、ドッグランやプールなど設備が充実している。また行きたいと思いました」（静岡・小型犬・女性62歳）

「部屋の畳が張り替えたばかりのようで綺麗でした。女将さんがそれでも放し飼いにしてあげて下さいとおっしゃって下さり、素敵な旅館でした」（神奈川・小型犬・男性31歳）

「部屋から見える専用露天風呂付きの部屋だったため、入浴中も犬とコミュニケーションがとれて不安にさせることがなかった」（静岡・小型犬・男性41歳）

9 犬旅の旅行手配の実態

旅行会社の利用が極めて少ない現在の犬旅

図表⑰は宿の手配が必要になる、「ホテル」、「旅館」、「ペンション」、「コンドミニアム」、「キャンプ場」を利用した犬旅について、その手配方法の実態を示したものである。これを見ると、現状の犬旅において旅行会社を利用するケースは非常に少なく、「旅行会社が企画したパッケージツアー」、「ＪＲ券・航空券をセットにして旅行会社で手配」、「宿泊施設のみ旅行会社で手配」を合わせても７・１％程度しか利用されていない。

宿泊施設などに「インターネットで手配」が46・４％と最も多く、「電話で直接手配」が41・９％で、この２つが犬旅では中心の手配方法となっているようだ。

マイカーでの旅行が圧倒的に多く、観光スポットにも制約が多いことから、現在の犬旅では交通機関を含めた旅行全体のプランを組むというよりも宿泊施設の手配が中心になる。旅行会社の取り組みを見ると、ＪＴＢはパンフレットで「ペットと泊まれる宿」を紹介、ホームページではＪＴＢの「お散歩気分で旅しよう ペットと行く旅」、近畿日本ツーリストの「うちのこ．ｃｏｍ」、日本旅行の「ペットと泊まれる宿」などがあるが、現状ではいずれもペットと泊まれる宿泊施設の一覧と予約を中心とした対応となっており、交通機関や観光要素までを含めた企画商品の提案はまだ僅かである。

犬旅の情報源は「宿泊施設ＨＰ」と「口コミ」

図表⑱は犬旅の情報源である。犬旅の情報源の結果を俯瞰すると際立って利用されている情報源は見られないが、「宿泊施設のホームページ」が最も多く、「旅行会社のホームページ」を大きく上回っており、インターネット利用の場合はネット検索から施設のホームページを閲覧し、直接申し込みをするケースが多いことがうかがえる結果となっている。次に多いのは「友人／知人／ペット仲間」による口コミで、友人やペット仲間から聞いた情報をもとに宿泊施設を選択したり、デスティネーションを決定したりしている。

犬旅でのエピソードなどについて確認したオープンアンサーを見ると、ホームページからの情報で予約をした宿に実際に行ってみると、部屋や備品が非常に汚かったり、食事が美味しく

図表⑰ 犬旅の手配方法

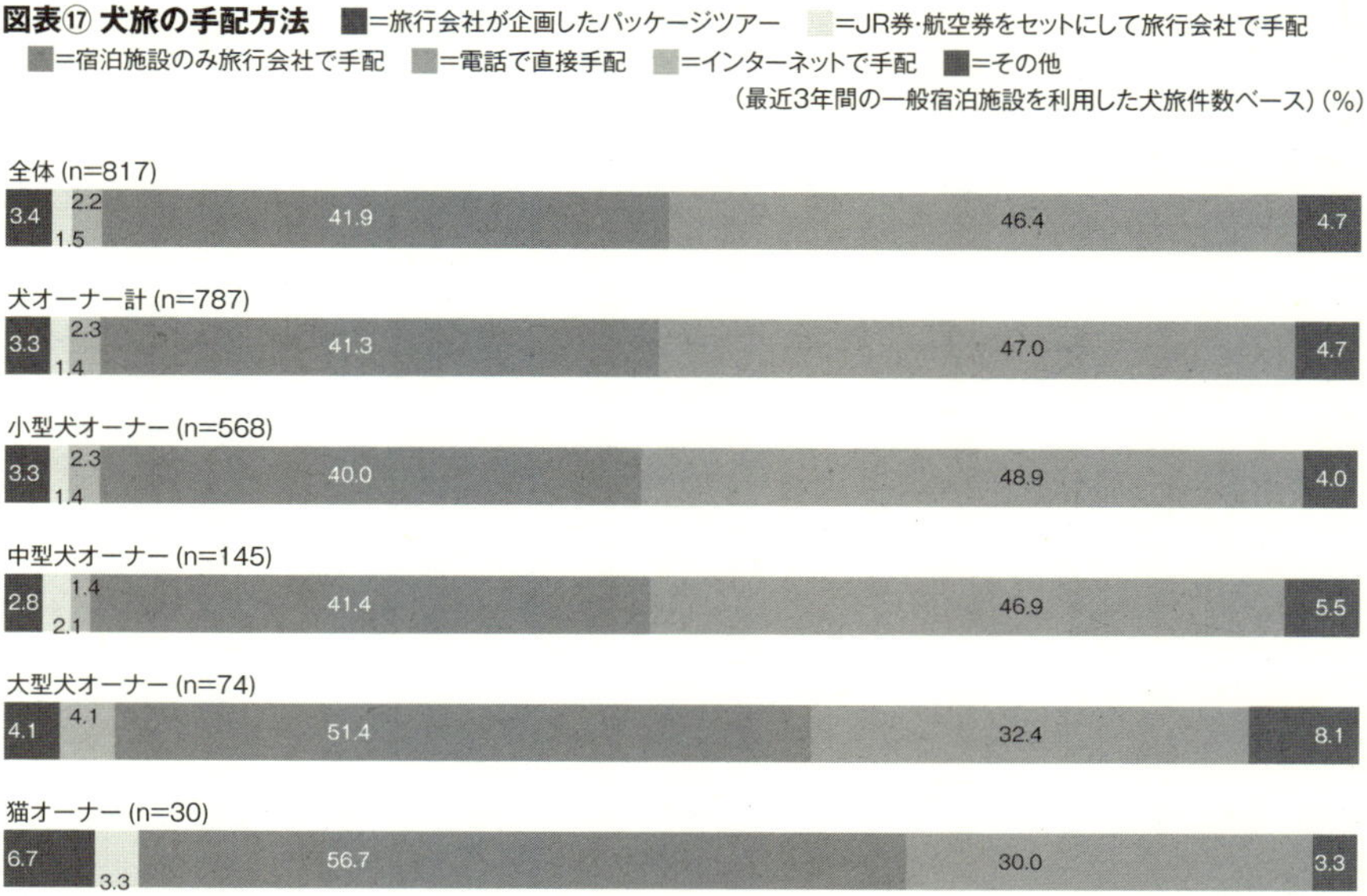

＊旅の販促研究所調査（2007年）

なかったといった不満が比較的多く見られるほか、中には犬連れであることの予約が通っておらず不愉快な思いをしたといったケースも見られた。

宿泊施設の分析でも述べたが、宿泊施設に対しては、ペットに対応した施設とサービスだけではなく、人に対する施設、サービス、食事などが、通常の施設利用と同様に求められているのである。また、犬旅では周辺エリアでのアミューズメントやペット可のレストラン、カフェなども重要な要素になるが、それらの情報もまだまだ充実しているものとはいえない。こうして見ると、宿泊施設のクオリティの把握と情報提供、周辺の観光スポット情報の提供などのニーズは潜在的に非常に高いものであると思われる。

旅行手配方法に関する調査対象者コメント

「インターネットだと施設状況が分かりにくかったことが2回あった。実際には古かったり、汚かったことがあった」（群馬・小型犬・女性39歳）

「5泊6日で沖縄へ。〝ペットと行こう沖縄旅行〟

図表⑱ 犬旅の情報源 （n=2642 全体ベース）（%）

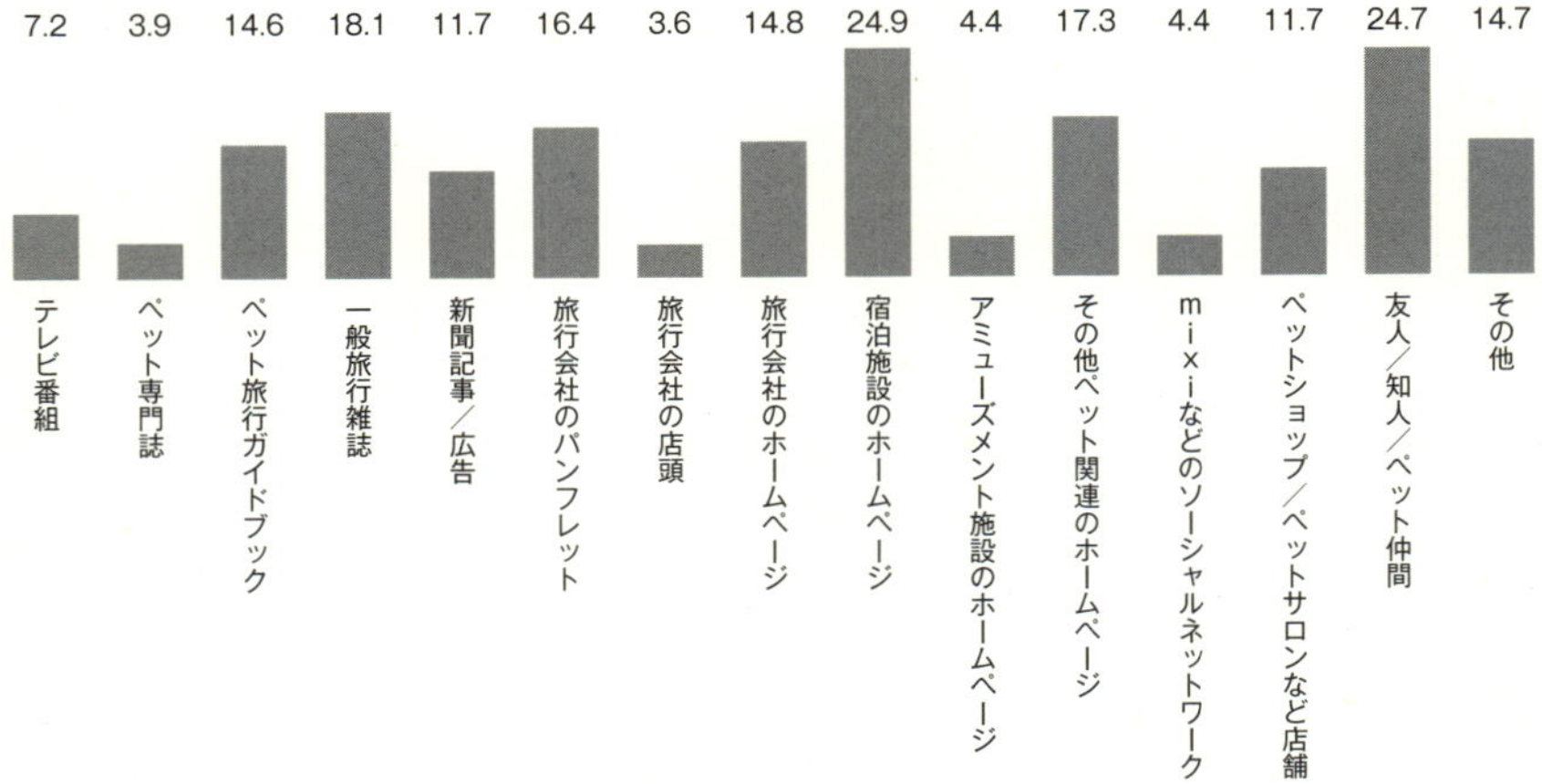

＊旅の販促研究所調査（2007年）

とかいう旅行会社のツアーに参加。メゾネットタイプの犬も宿泊可能な施設へ宿泊」（沖縄・小型犬・女性44歳）

「その旅館を見つけたのはインターネットですが、同じプランで8年間行っており、今週末も訪れます。鮎料理も美味しいし経営者とも懇意になり満足して帰ってきます」（茨城・小型犬・女性62歳）

「以前と比べてペットの旅行は行きやすくなったが、まだまだ宿をとるにも数が少なくて大変でした。ペットを連れての旅行は行く場所が限られてしまうようです」（長野・中型犬・女性20歳）

「受け入れ先でこっそり犬を連れ込んだと怒られ出て行ってほしいといわれた。こちらはしっかり事前に確認済みで、後で宿泊先の連絡ミスと謝ってきたが、とても不愉快な滞在になってしまった」（群馬・小型犬・女性46歳）

「ペットと一緒に宿泊できるペンションをインターネットで検索し、1泊旅行を企画した」（千葉・小型犬・男性52歳）

「カーナビに頼って行ったら、とんでもなく道の狭い、両側の道を案内され車が傷だらけになった。電話で直接予約しているのだから、口頭で最適なルートの説明がほしかった」（静岡・小型犬・女性50歳）

10 犬旅の同行者・匹数・旅行費用の実態

家族、夫婦での旅行が中心

図表⑲は犬旅の同行者を示したものである。犬、猫オーナーともに「家族・親族」での旅行が最も多いが、犬オーナーの60・4％に対し、猫オーナーでは77・0％と「家族・親族」での旅行が中心となっている。「夫婦」での旅行は犬オーナーでは35・8％と多く見られるが、猫オーナーでは19・5％程度となっている。大型犬オーナーも「家族・親族」との旅行が中心となっている。

単身者は「1人」が40・6％と多く、「友人・知人」も28・1％と比較的多く見られる。また、「ペット仲間などのグループ」も7・8％と絶対数は少ないものの、全体の結果を大きく上回っているのが特徴となっている。単身者は全体と比べ公共での交通機関の利用が多く、旅行手配では旅行会社の利用者が比較的多いなど、全体とやや異なる犬旅の傾向を示している。今回の調査では詳細を確認することはできなかったが、今後犬旅の実態を把握する上で注目される層である。

次に、同伴したペットの匹数を見てみよう。犬オーナーの犬旅では1匹が82・8％、2匹以上が17・2％、猫オーナーでは1匹が67・8％、2匹以上が32・1％となっており、高齢の犬の世話を家族に任せるなどのケースも若干見られたものの、現在飼育している匹数とほぼ同様の結果となっている。（図表⑳）

犬旅費用、犬5200円、猫3800円

では、犬旅の際、ペットにはどれくらいの費用がかかっているのだろうか。図表㉑は最近3年間の宿泊を伴う犬旅の費用を示したものである。1匹あたりの旅行費用の平均は、犬オーナーは5221円、猫オーナーは3839円となっている。

犬旅で必要な費用としては、ホテル、ペンションなど公共の宿での費用として1匹1000円〜2000円程度、ドッグランなどアミューズメント施設の費用、マイカーではなく、鉄道、飛行機、フェリーなどを使う場合はその費用もプラスされるが、鉄道料金はJRでは新幹線利用でも2700円程度、飛行機利用の場合でもJAL利用の東京—沖縄間で5000円程度（片道）である。大半がマイカーの利用となっている現在の犬旅は、費用面ではさほどの負担にはなっていないのではないか。

図表⑲ 犬旅同行者　（最近3年間の犬旅件数ベース）（%）

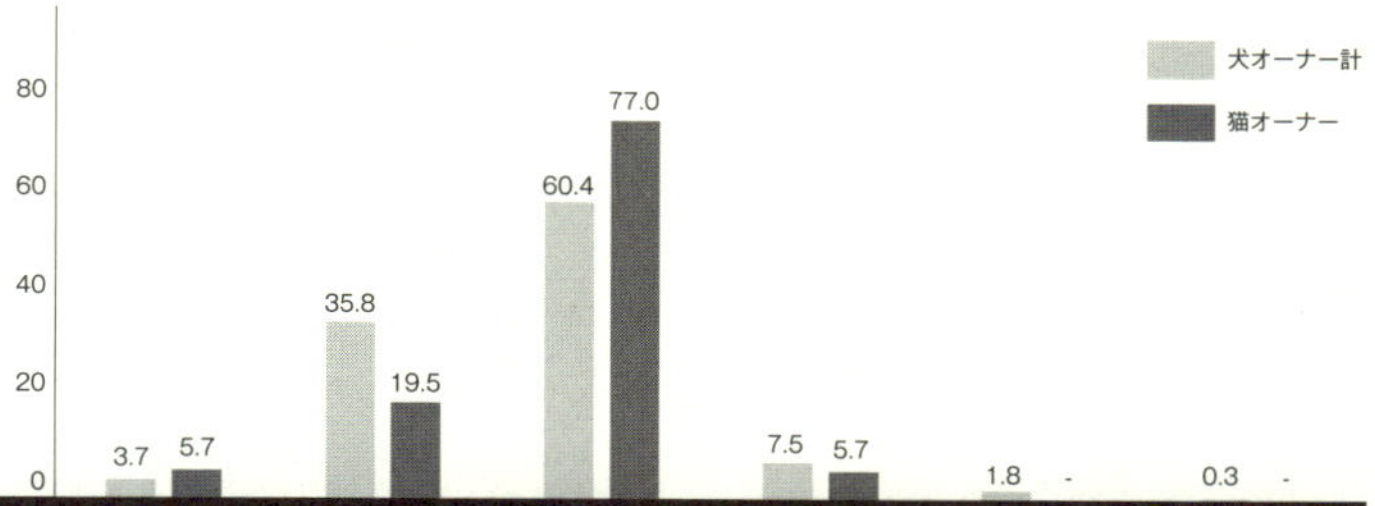

	n	なし／一人で	夫婦で	家族親族	友人知人	ペット仲間などのグループ	その他
全体	1561	3.8	34.8	61.4	7.4	1.7	0.3
犬オーナー計	1474	3.7	35.8	60.4	7.5	1.8	0.3
小型犬オーナー	1023	3.9	34.6	60.3	7.4	1.7	0.3
中型犬オーナー	324	3.4	41.7	57.7	8.6	1.9	0.3
大型犬オーナー	127	3.1	29.9	68.5	5.5	3.1	-
猫オーナー	87	5.7	19.5	77.0	5.7	-	-
単身者	64	40.6	4.7	23.4	28.1	7.8	-
その他	1497	2.3	36.1	63.0	6.5	1.5	0.3

*旅の販促研究所調査（2007年）

図表⑳ 犬旅の同伴ペット数

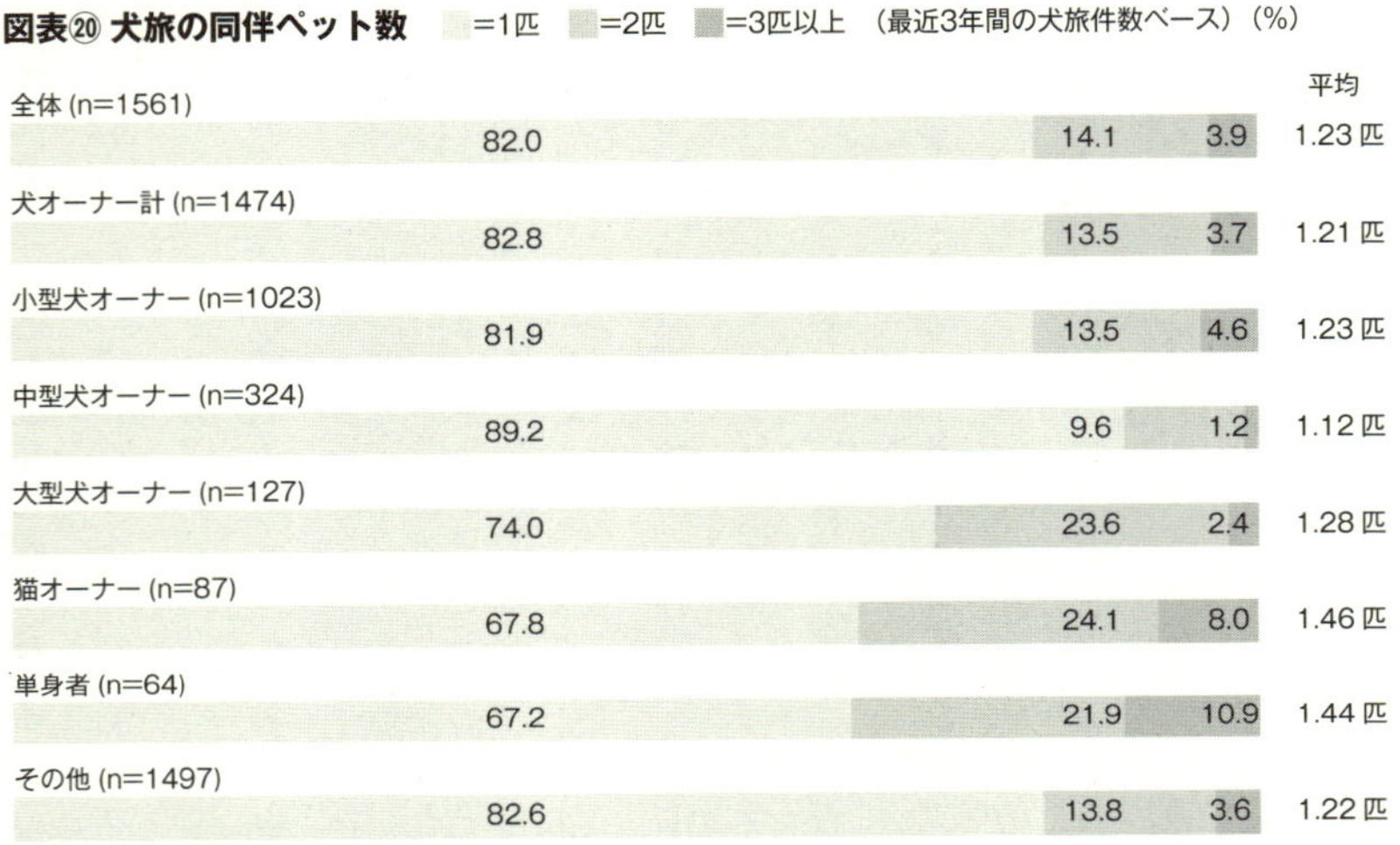

*旅の販促研究所調査（2007年）

図表㉑ 犬旅の１匹当りの旅行費用

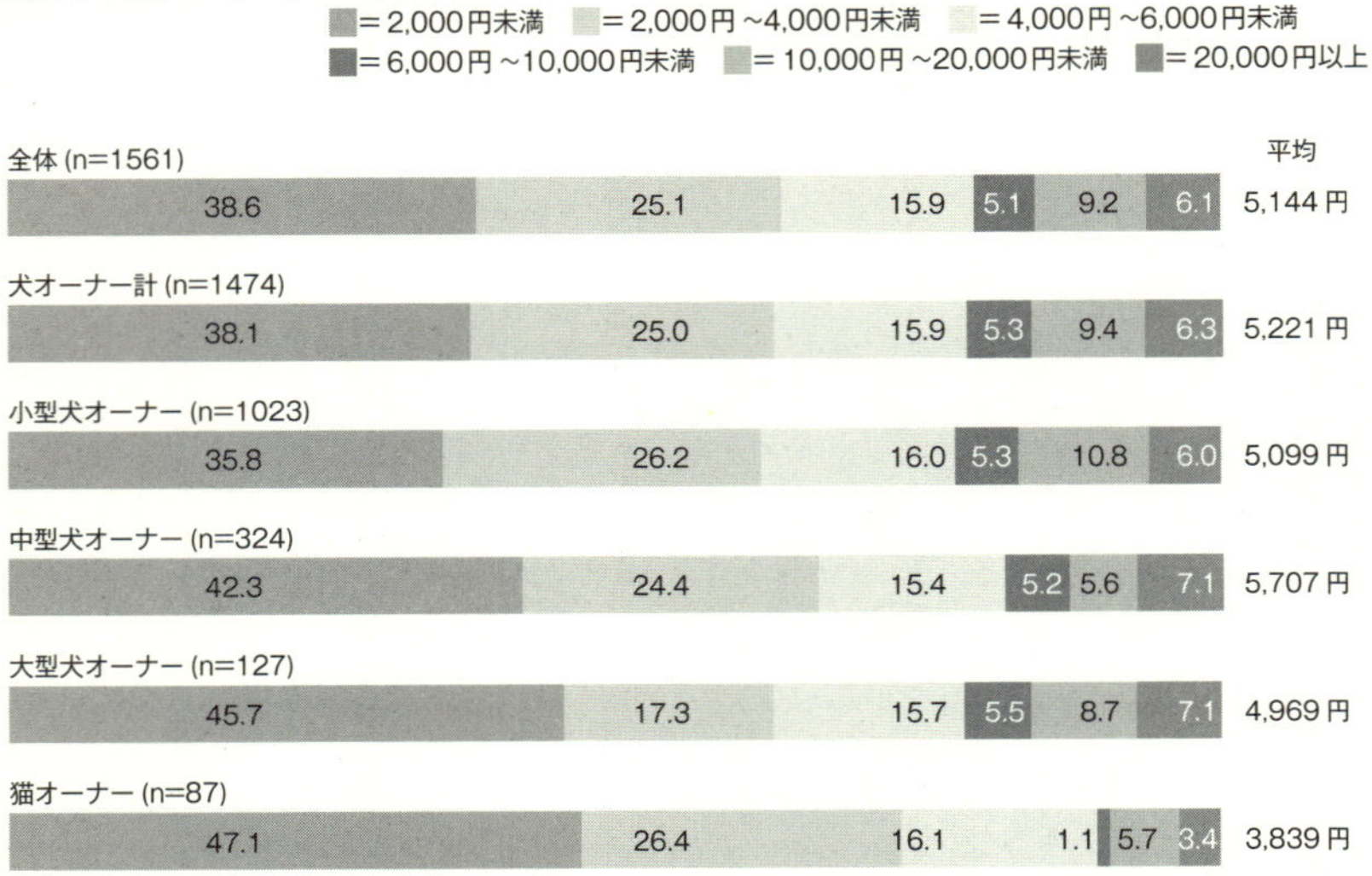

*旅の販促研究所調査（2007年）

ただし、〝別に犬のために何かをしてくれるわけでもないのに、1匹3000円は高い〟といったように、ペット可の宿泊施設というだけで特にサービスを提供するわけでもないのに料金をとられることへの不満や、〝ペット連れで入れる場所は値段が高い〟といったようにペット可の施設に割高感を感じているペットオーナーも見られる。

費用に関する調査対象者コメント

「ペット同伴者専用のホテルではないので仕方ないが、館内では常にキャリーに入れておかねばならない。小型犬なので抱っこくらいはかまわないのではないかと思った。あと、別に犬のために何をしてくれるわけでもないのに、1匹3000円は高い」（三重・小型犬・女性50歳）

「ペット連れで入れる場所は異常に値段が高い。足元を見ている」（群馬・長野・小型犬・男性56歳）

「料理が良かった。雰囲気・サービスも満足。若干割高？」（岐阜・愛知・小型犬・男性66歳）

「犬を連れているから別料金を払ったが、早めのチェックイン、遅いチェックアウトをさせてもらえた」（新潟・小型犬・女性44歳）

「犬の宿泊代を取られなかったので満足です」（新潟・小型犬・女性54歳）

11 犬旅の満足度

気苦労はあっても満足度の高い犬旅

それでは、宿泊を伴う犬旅にオーナーたちはどのくらい満足しているのだろうか。満足度の結果を見ると、犬、猫合わせた犬旅全体の49・1%が「満足した」、45・5%が「まあ満足した」としており、満足度は非常に高いといえる。犬オーナーと猫オーナーのスコア上での満足度には大きな差は見られないが、大型犬オーナーでは「満足した」と積極的に評価しているオーナーが57・5%と多く見られる。

前述の通り、犬旅では周囲に対して常に気を遣い、ペットも様々なトラブルを起こす。また、宿泊施設に不満を感じるケースが多いなど、ペットオーナーの気苦労も多いと思うのだが、なぜこれほどまでに満足度が高いのだろうか。（図表㉒）

一緒に旅すること、気兼ねなく過ごせることで満足

図表㉓は満足度評価の理由としてオープンアンサーであげられたコメントのキーワードをカウントした結果である。これを見ると評価の理由は非常にシンプルだ。「楽しかった／面白かった」、「ペットと一緒にいられた」、「実家／友人宅へ行った（ので気兼ねがなかった）」、「ペットが元気／

楽しんでいた／喜んだ」、「のんびり／ゆっくり／癒された」、「(ペットも一緒で）安心できた／預けないですんだ」等が上位にあげられており、多少の気苦労、トラブルがあったとしてもペットと一緒に楽しく過ごせ、ペットが喜ぶ姿が見られたこと、周囲に非常に気を遣うことが想定される旅の中で、のんびり過ごせたこと自体に満足しているのだ。また、宿泊を伴う犬旅では、宿泊施設の良し悪しが満足度を大きく左右すると思われるが、「宿泊施設のペット設備／対応が充実していた」、「宿泊施設が良い／きれい／広々」、「美味しいものが食べられた／食事がおいしかった」等が10位以内にあげられており、宿泊施設の対応の重要性がうかがえる結果となっている。

　一方、不満を感じた犬旅の理由としては、「(ペットがいて）気を遣った／疲れた／大変だった」、「宿泊施設が汚い／狭い／古い」、「犬同伴可の(観光）施設が少ない」、「宿泊先の犬用の設備／対応が充実していなかった」等のコメントが比較

図表㉒ 犬旅の満足度　（最近3年間の犬旅件数ベース）（%）

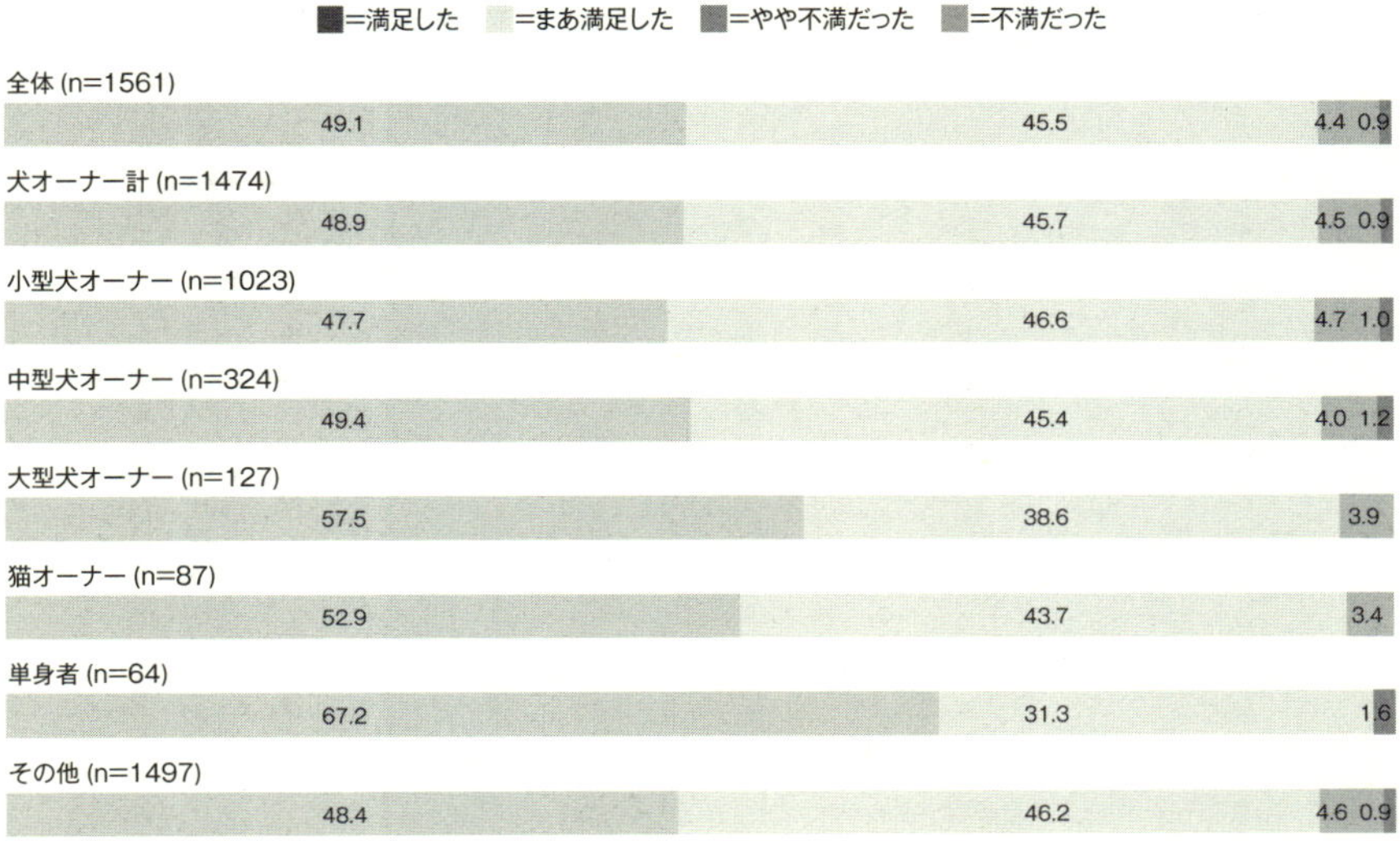

*旅の販促研究所調査（2007年）

的多く見られ、宿泊施設の設備、ペット対応が充実していないこと、また、宿泊施設だけでなく、旅行先で犬と一緒に楽しめる観光施設が少ないことなどが上位にあげられている。（図表㉔）

いずれにしても、道中非常に気を遣う犬旅では、オーナーも非常にセンシティブになっているためか、ペット受け入れ可の宿泊施設での設備や対応の悪さなどが大きな不満につながることがある。逆に、宿オーナーやスタッフの愛犬に対するフレンドリーな態度やペットオーナーに対する心遣いなどで、施設などのハードに対する多少の不満もカバーできてしまうこともあるようだ。

調査対象者のコメント

「わんこと一緒にどこかに行けるだけでもとても嬉しいので、一緒に泊まれて、いつもと違うところで遊んだりして本当に楽しかった」（広島・小型犬・女性26歳）

「愛犬が一緒だと気持ちも和み、家族の笑顔

図表㉓ 満足理由　（自由回答のキーワードをカウント）（件）

	合計	小型犬	中型犬	大型犬	猫
①楽しかった / 面白かった	114	77	15	15	7
②ペット（家族）と一緒にいられた / 一緒で楽しかった	106	68	26	6	6
③実家 / 友人宅へ行った（ので気兼ねなかった）	85	58	17	3	7
④ペットが元気 / 楽しんでいた / 喜んだ	72	45	22	-	5
⑤のんびり / ゆっくり / 癒された	64	36	18	7	3
⑥（ペットも一緒で）安心できた / 預けないですんだ	62	43	12	1	6
⑦宿泊施設のペット設備 / 対応が充実していた	59	37	16	5	1
⑧宿泊施設が良い / きれい / 広々	58	44	8	6	-
⑨スムーズだった / トラブル（不満）はなかった	57	35	11	1	10
⑩美味しいものが食べれた / 食事がおいしかった	54	33	18	3	-
⑪ペットが遊べた / 走り回った	51	30	13	6	2
⑫ペットと一緒に遊べた / 散歩できた	50	35	10	4	1
⑬家族で行けた / 楽しめた、家族が喜んだ	49	38	6	4	1
⑭自然を満喫した / 景色を楽しめた	40	26	12	1	1
⑮宿泊施設の設備 / 対応が良かった	39	24	12	3	-

*旅の販促研究所調査（2007年）

が何倍にも増えて楽しかった」（京都・小型犬・女性40歳）
「何のトラブルもなく、ずっと一緒にいられたので子供達も喜んでいたし、私もペットが今どうしているのかなと気をもまずに済んだから」（京都・小型犬・女性43歳）
「ゆったり時間を過ごして美味しい食事が頂けた。愛犬用の食事も出ました」（栃木・小型犬・女性46歳）
「愛犬はドッグランではしゃいで走り回っていた。帰りたくないと嫌がったのがかわいかった」（滋賀・小型犬・男性26歳）
「我が家よりも広いスペースでみんながのんびりできて、ペットともたっぷり遊んであげられた。仕事や家事を忘れることで、本気で遊びの相手をしてやることができた」（山梨・小型犬・男性42歳）
「スキーも思う存分でき、ペットも雪遊びやフリスビーを思いきりできたため。食事も美味しかった」（長野・中型犬・女性42歳）
「チワワたちと一緒に温泉を満喫できた。草津温泉は入るだけで毛並みがツヤツヤになる」（群馬・小型犬・男性37歳）

図表㉔ 不満理由　（自由回答のキーワードをカウント）（件）

	合計	小型犬	中型犬	大型犬	猫
①（ペットがいて）気を遣った / 疲れた / 大変だった	37	20	8	5	4
②宿泊施設が汚い / 狭い / 古い	33	21	10	2	-
③犬同伴可の（観光）施設が少ない	23	19	1	3	-
④車内 / 移動中、車酔いした、辛そう / かわいそうだった	21	16	2	1	2
⑤宿泊先の犬用の設備 / 対応が充実していなかった	21	15	2	2	2
⑥天気 / 天候が悪かった	19	13	4	2	-
⑦宿泊施設の設備 / 対応が良くなかった	16	13	1	2	-
⑧泊まれる宿が少ない / 一緒に寝れない	15	10	2	2	1
⑨ペットは疲れていた / おとなしい / ストレスを感じていた	13	9	1	2	1
⑩料理がまずかった	11	7	4	-	-

*旅の販促研究所調査（2007年）

Column❹

世界の国々の犬旅事情Ⅰ――ヨーロッパ編――

「ケネルクラブ」発祥の地、イギリスの場合

犬は主従関係を好む習性のため、古くから家族の一員として扱われた歴史も長く、もともとは家の見張りや、狩猟のために、家畜化されていった。ヨーロッパでは長い年月をかけ交配が行われ、様々な目的に応じて多くの品種が開発されてきた。

犬の品種の認定、犬の飼育指導、ドッグショーの開催などを行っている世界最古の愛犬家団体「ケネルクラブ」は、1873年イギリスに設立された。

そのような伝統があるイギリスでも犬を連れた旅行となると、国内旅行に車で出かけるというものがほとんどのようだ。日本同様の島国であるため国外の旅行であれば海を越えていく必要がある。イギリスと海を挟む大陸側の各港湾都市との間には数多くの国際フェリー路線があるが、各国の犬に対する規制も異なるため、その利用は決して多くないようである。しかし、車による国内旅行はかなりポピュラーで、高速道路のサービスステーション、ナショナルパークなどには犬用の水飲み場が常備され、宿泊施設であるB&Bなども多くがペットを受け入れているようである。

イギリスの犬に関する一般的な状況については、「飼い主の都合で飼えなくなったペット用レスキューセンター施設が充実していて、その活動も活発である。ケネルクラブも低料金でしつけ教室などを設け、人間と犬が家庭内のみならず公共の場で上手に溶け込めるよう飼い主と犬の教育を行っている。日本に比べるとイギリスはペット先進国だと感じる」とJTBヨーロッパの青柳アシスタントマネージャーは語っている。

フランス、イタリアも車の旅が中心

対岸のフランスも状況は同じようで、ＪＴＢフランスの岩井マネージャーによると、「ヨーロッパ内の犬の移動に関する規制がそれぞれの国で異なるため、フランスでは犬を連れた旅行は多いものの、国内旅行に車で連れて行くのがメインとなっている」と語っている。また、ペットに関する意識としては、「犬が家族の一員として飼い主から扱われて社会からも認められていること。しつけも良く、犬同士の喧嘩は皆無であり、高級レストランにおいても幼児は敬遠されるが、おとなしい犬は入店が認められている」とのことである。

イタリアの状況もイギリス、フランスと同様のようである。犬を連れた旅行は国内の海や山、高原といったアウトドアが満喫できる場所へ車を利用していくことがほとんどのようである。ＪＴＢイタリーの高橋さんによると「日本に比べて、間取りや庭の広い家が多くあり、ペットを飼いやすい環境にある。また、アパートメントなどにおいても動物を飼う規制が日本ほど厳しくない」とのことである。

また、ドイツやスペインも状況は同じようであり、車による国内旅行が中心のようだ。

犬を社会の構成員として扱うヨーロッパ

ペット先進国といわれるヨーロッパ諸国では、犬は家族として、また普通に社会を構成する一員として存在している状況が分かる。しかし、犬と一緒に行く旅ということになると、日本と同様に車を使う国内旅行が主流のようである。各国の規制が異なることもあるが、それ以上に家族である犬に無用なストレスを与えたくないという感情が大きな理由となっているように思われる。

ＥＵ圏内で動物を車に乗せて移動させる際の条例がある。それは、8時間以上動物を車に乗せる場合は、車の装備が適切であるかの許可が必要になるというものだ。やはり、動物に過度のストレスや傷害を与えないという思想が徹底されているように思える。

第6章
犬旅の意向

1 犬旅の実施意向

犬オーナーの74％が意向、ポテンシャルの大きい「犬旅」市場

図表①は宿泊を伴う「国内犬旅」の意向を確認したものである。犬オーナーでは、7・8％が「すでに具体的に予定を立てている」、24・4％が「具体的な予定はないが、ぜひ行きたい」としており、犬オーナー全体の32・2％が積極的な意向を示している。これは、最近3年間の宿泊を伴う犬旅の経験率（34・1％）とほぼ同レベルの結果となっているが、「機会があれば行きたいと思う」を含めた意向者トータルで見ると74・1％が意向を示している。

一方、猫オーナーでは「すでに具体的に予定を立てている」が2・6％、「具体的な予定はないが、ぜひ行きたい」が6・4％程度で、積極的な意向者は1割程度となっているが、「機会があれば行きたいと思う」を含めると32・3％が意向を示しており、最近3年間の経験率（8・2％）を上回っている。環境の変化を好まないという猫の特性を理解しながらも、やはり一緒に旅行をしたいと思う猫オーナーは実態以上に存在していることが分かる。

また、最近3年間に犬旅を経験していないオーナーでも、「機会があれば行きたいと思う」を含め53・3％が意向を示しており、今後の「犬旅」市場のポテンシャルの大きさが確認できる。

犬旅への不安はペットのストレスと体調

　以上のように、「犬旅」市場のポテンシャルは確認できるものの、意向者の半数以上は「機会があれば行きたいと思う」という、やや消極的な意向となっており、いつかは行きたいと思いながらも、なかなかトライできずにいるペットオーナーが多そうである。

　では、犬旅を検討する上で、犬オーナー、猫オーナーはどのような不安を感じているのだろうか。図表②は、犬旅意向者に対して、犬旅を検討する上での不安点について確認したオープンアンサーから、キーワードを抽出してカウントした結果である。

　トップにはペットの「病気／ケガ／病院の手配」があげられている。3位の「ストレス／負担」、4位の「慣れない場所／環境の変化」、6位の「健康／体調」等も全て関連してくると思われるが、やはり、慣れない環境に移動することでペットも平常心ではいられなくなり、ストレスによ

図表① 今後の犬旅意向

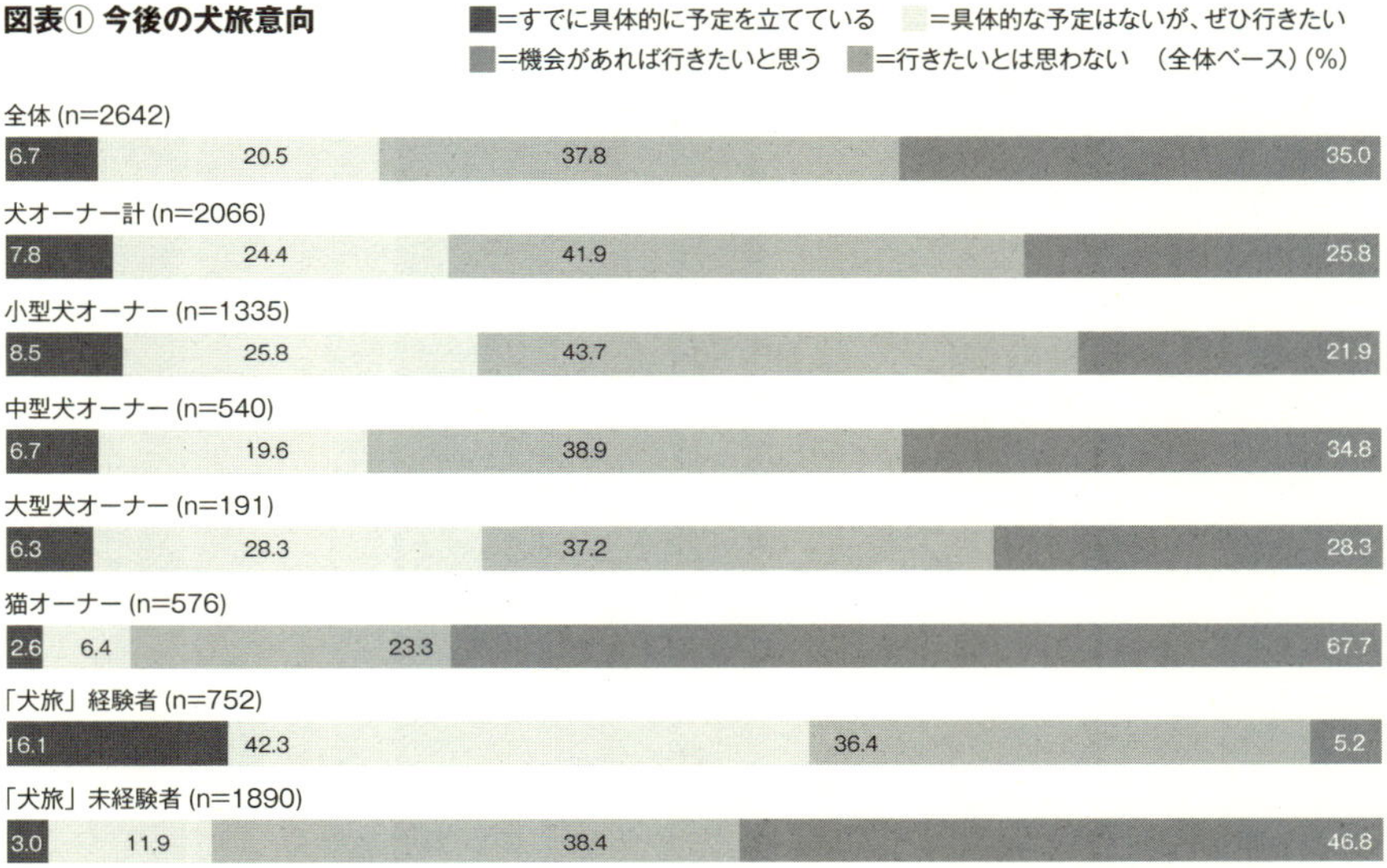

＊旅の販促研究所調査（2007年）

り体調を崩すことを心配するペットオーナーは非常に多い。今回対象となったペットが、犬は全体の47・7％、猫は59・9％が7歳以上とやや高齢化の傾向が見られることも要因となっているかもしれない。体調を崩したり、病気にかかった場合にペットは自分で訴えられない分、ペットオーナーの心配もより大きくなるのだろう。これらの不安要素を考えると、旅行先でのペット病院等の事前情報は非常に重要となるだろう。2位の「トイレ」も異なる環境に置かれることで平常心を失い、思わぬところで粗相をしてしまうなど、公共の空間だけにペットオーナーの気がかりも大きい。

「車／乗り物酔い、車／乗り物が苦手」が5位にあげられている。これについては幼い時期から慣れさせる必要

図表② 犬旅を検討する上での不安点　（自由回答のキーワードをカウント）（件）

	合計	小型犬	中型犬	大型犬	猫
① 病気／ケガ／病院の手配	135	95	16	5	19
② トイレ	118	84	13	7	14
③ ストレス／負担	98	44	16	7	31
④ 慣れない場所／環境の変化	98	53	17	5	23
⑤ 車／乗り物酔い、車／乗り物が苦手	91	44	25	10	12
⑥ 健康／体調	90	54	22	3	11
⑦ 宿泊／施設の確保	84	49	25	7	3
⑧ 他の人への迷惑	84	50	21	7	6
⑨ 吠え声／鳴き声	72	53	16	3	-
⑩ 他のペットとのトラブル／ケンカ	70	38	24	6	2
⑪ 宿泊環境／清潔さ	54	39	7	6	2
⑫ ペット同伴の飲食店／店が少ない	48	34	8	4	2
⑬ 宿泊時のトイレ	39	27	6	1	5
⑭ 宿泊場所の犬向けの設備／対応	39	26	8	3	2
⑮ 車での（長距離）移動	38	22	10	3	3
⑯ 飛行機	38	29	4	2	3
⑰（長距離）移動	37	14	10	5	8
⑱ 逃げる／いなくなる	36	8	4	-	24
⑲ 同室宿泊できるか／室内で一緒か	32	20	8	4	-
⑳ 高齢だから心配	31	15	7	5	4

＊旅の販促研究所調査（2007年）

があることだが、特に、最も利用頻度の多い、最も気兼ねのいらない交通手段であるマイカーでの移動が難しいとなると、犬旅の最大の障壁となってしまうだろう。

7位には「宿泊／施設の確保」があげられている。これだけペット対応の宿泊施設が増え、紹介もされているのだが、コメントを見ると、まだペット可の宿の数が少なく、受け入れの体制ができていない、と感じているペットオーナーが多く見られた。また、〝泊まりたくなるようなホテルがペットを受け入れるかどうか心配〟というコメントのように、人間が泊まって満足を得られるレベルで、かつ、ペット宿泊の可能な施設を求めているペットオーナーも多い。

8～10位の「他の人への迷惑」、「吠え声／鳴き声」、「他のペットとのトラブル／ケンカ」などは、前章でも触れたように最低限のしつけの問題。今回の調査でもしつけのまったくできていない犬とのトラブルはエピソードとして多くあげられている。

川遊び

2 犬旅意向者の実施目的

「家に置いていくのがかわいそう」が犬旅のベース

犬旅に意向を示しているペットオーナーの理由を見ると、犬オーナーでは「家に置いていくのがかわいそう」が52・8％でトップ。以下、「家族だから当然」47・5％、「ペットを思いっきり遊ばせたい」35・8％、「人に預けるのがかわいそう」33・7％などが主な理由となっており、大型犬オーナーでは「ペットを思いっきり遊ばせたい」が57・7％でトップ。「家族だから当然」も53・3％と小型犬・中型犬オーナーの結果を大きく上回っている。

一方、猫オーナーでは「家に置いていくのがかわいそう」が59・1％と犬オーナーを上回り、「家族だから当然」は33・9％程度と犬オーナーの結果を下回っている。また、実数は少ないものの「長期の滞在だか

図表③ 犬旅の目的・理由　（犬旅意向者ベース）（％）

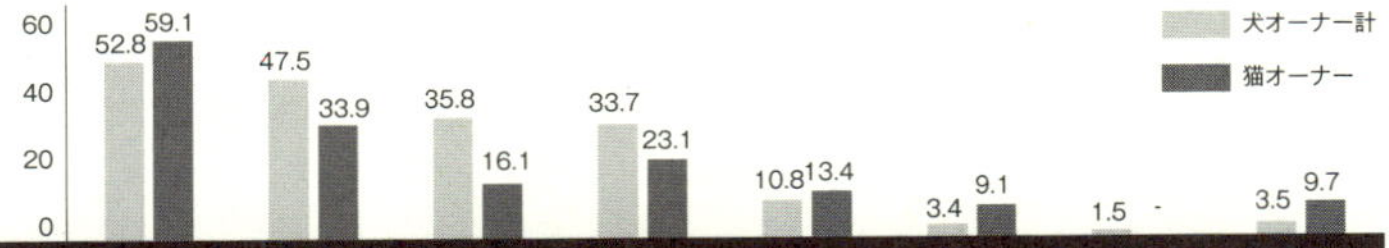

	n	家に置いていくのがかわいそう	家族だから当然	ペットを思いっきり遊ばせたい	人に預けるのがかわいそう	信頼できる預け先・施設がない	長期の滞在だから	ペットの大会やイベントに参加	その他
全体	1718	53.5	46.0	33.7	32.5	11.1	4.0	1.3	4.2
犬オーナー計	1532	52.8	47.5	35.8	33.7	10.8	3.4	1.5	3.5
小型犬オーナー	1043	52.8	48.1	32.6	33.7	9.8	2.9	1.5	3.4
中型犬オーナー	352	56.3	43.2	36.9	36.6	13.1	4.5	1.4	4.0
大型犬オーナー	137	43.8	53.3	57.7	25.5	12.4	4.4	1.5	3.6
猫オーナー	186	59.1	33.9	16.1	23.1	13.4	9.1	-	9.7
積極的意向者※1	719	55.6	65.8	37.7	36.4	13.2	4.7	2.2	3.3
消極的意向者※2	999	52.0	31.7	30.8	29.7	9.5	3.5	0.7	4.8

※1 積極的意向者：「すでに具体的に予定を立てている」と「具体的な予定はないが、ぜひ行きたい」と答えたペットオーナー
※2 消極的意向者：「機会があれば行きたい」と答えたペットオーナー
＊旅の販促研究所調査（2007年）

ら」が9・1%と犬オーナーの結果を上回っているのも、実態でも触れた通り猫オーナーの特徴となっている。

なお、犬旅の積極的意向者では、実態と同様に「家族だから当然」が65・8%でトップの理由となっているのに対し、消極的意向者では31・7%と低く、ペットの位置付け、ペットとのかかわり方の違いが意向度の差になっているように思われる。（図表③）

のんびり・ゆっくりくつろぎたい、自然の中でのびのびと遊ばせたい

では、意向者たちはどのような内容の犬旅を考えているのだろうか。図表④は、オープンアンサーによりあげられた、今後の犬旅の行程、目的等のコメントについてキーワードを抽出しカウントしたものである。

これを見るとトップは「のんびり／ゆっくりくつろぎたい」、2位は「自然の中で思いきり遊ばせたい／散歩させたい」、3位は「（ノーリードで）思いきり／のびのび走れる、遊べる」となっている。9位の「自然を満喫したい／楽しみたい」、12位の「キャンプ／アウトドア」、14位の「川／海で遊ばせたい／泳がせたい」も関連していると思われるが、小型犬は84・6%、大型犬でも56・5%が室内犬となっており、広い自然のフィールドで動物らしくのびのびと遊ばせてあげたいと考えるペットオーナーは非常に多い。この傾向は特に大型犬オーナーに多く見られるが、大型犬の場合は利用できる宿泊施設も限られることから、キャンプ等を想定した犬旅を考えるペットオーナーが多いことも要因となっていると思われる。

マイカーを利用し数時間で行ける無理のない行程でペットに負担をかけず、ゆっくりと旅行した

いと考えるペットオーナーは非常に多く、4位の「温泉」や5位の「ドライブ/車での移動」、10位の「日帰り/近場/あまり遠くない所」も関連しているといえる。特に、〝ゆっくりとくつろぐのが目的の旅行なら猫も連れて行けると思う〟といったコメントのように猫オーナーにもこれらのワードをあげている人が多く見られる。財団法人日本交通公社が発表している「旅行者動向」では行きたい国内宿泊旅行の旅行タイプとして「温泉」は常にトップとなっているが、犬旅においても「温泉」のニーズは非常に高く、中にはペットの療養のために「温泉」を利用したいと考えているペットオーナーも見られた。

調査対象者のコメント

「ペットが遊びまわれるドッグランとか、温泉に入ったりできるところに連れて行きたい」(小型犬・男性24歳)

「自分もペットも癒されるような旅行がしたい。美味しいものを食べ、ゆっくり休めて心からリフレッシュできる旅行を!!」(小型犬・男性33歳)

「ドッグラン、ペットの美容、しつけ教室。2泊3日程度で犬イベント中心の旅行」(小型犬・男性34歳)

「犬連れでは歴史的建造物やショッピング、グルメは楽しめないので、自然の景観を楽しむハイキングなどへ行きたいです」(小型犬・男性40歳)

「一度も旅行に連れて行ったことがないので、ペット可の良い宿泊施設があれば、ぜひ一緒に旅行を楽しみたい」(小型犬・男性41歳)

「自然に触れ合う旅をしたい。一緒にトレッキングをしたい。その後温泉に入って、美味しい食事を楽しみたい」（小型犬・男性41歳）

「自然の多いところで、犬と子供を思いきり遊ばせてあげたい。ドッグランなどではなく、ノーリードで犬と1日過ごしたい」（小型犬・男性43歳）

「愛犬の生まれたブリーダーさん宅へ里帰りを含めた旅行をいつかしてみたい」（小型犬・男性53歳）

「東京にペットたちの親がいるので、1回会わせてあげたいと思っています」（小型犬・女性26歳）

「海で泳がせたり、雪で真っ白な広いところで走らせてあげたい。日程は2泊3日くらい」（小型犬・女性33歳）

図表④ 意向する犬旅の内容　（自由回答のキーワードをカウント）（件）

	合計	小型犬	中型犬	大型犬	猫
① のんびり / ゆっくりくつろぎたい	228	134	39	21	34
② 自然の中で遊ばせたい / 散歩させたい	192	104	55	18	15
③（ノーリードで）思いきり / のびのび走れる、遊べる	184	107	51	14	12
④ 温泉	163	108	17	8	30
⑤ ドライブ / 車での移動	138	65	40	11	22
⑥（ペット同伴可の）ホテル	124	74	27	12	11
⑦ ペット同室 / ペット同伴できる宿泊施設	123	80	24	8	11
⑧（ペット同伴可の）戸建宿泊施設 / ペンション等	122	63	31	14	14
⑨ 自然を満喫したい / 楽しみたい	103	70	19	6	8
⑩ 日帰り / 近場 / あまり遠くない所	95	52	14	13	16
⑪ ドッグランで遊ばせたい	93	60	22	11	-
⑫ キャンプ / アウトドア	85	42	20	17	6
⑬ 観光名所 / 景色の良い場所	82	59	15	4	4
⑭ 川 / 海で遊ばせたい / 泳がせたい	71	34	17	19	1
⑮ 実家へ帰省 / 親戚や友達の家	67	32	21	2	12
⑯ ペットの負担にならない旅	63	35	6	7	15
⑰ ペット用の設備のある宿泊先利用	60	35	14	3	8
⑱ ペットと一緒にすごせる / 遊べる	57	40	8	4	5
⑲ ペット用温泉 / プール / 風呂	57	40	9	7	1
⑳ 2泊3日	53	33	11	3	6
㉑ 1泊2日	53	31	9	5	8

*旅の販促研究所調査（2007年）

3 犬旅意向者のデスティネーション

意向の高い、従来からの犬旅エリア

図表⑤は犬旅意向者が想定しているデスティネーションの結果である。最近3年間の実態では「長野」がトップ、以下、首都圏からアクセスがよく人気の犬旅スポットが充実している「静岡」、「山梨」、「神奈川」などが上位にあげられていたが、前述の通り、マイカーで数時間のペットに負担がかからない範囲で、2～3日程度の行程でゆっくりと旅行を楽しみたいと考えるペットオーナーは多く、今後の意向でもこれらの県が上位に上がった。実態と同様、東高西低は大きく変わっていないが、西日本では、「京都」9・1%、「兵庫」7・5%、「和歌山」6・2%等が比較的多く見られた。いずれも大阪からアクセスのいいエリアで、京都は旅というと高い意向の出るブランド観光地。京都の町並みを愛犬と歩きたいという希望からだろう。兵庫は西日本随一の犬旅スポット淡路島、和歌山は白浜温泉など、温泉とあわせた犬旅を希望しているようだ。

ブロック別で見ると（図表⑥）、前述の人気エリアを含む「北関東・甲信越」が36・0%、「東海・北陸」が28・0%、「首都圏」が22・9%となっている。最近3年間の犬旅経験の有無、今後の犬旅の意向度別に見ても大きな傾向の差は見られず、今後の犬旅エリアの中心になると思われる。

犬旅の注目エリア　北海道・沖縄

注目したいのが「北海道」と「沖縄」の意向の高さだ。

まず「北海道」を意向するペットオーナーは34・0％（北海道居住者を除いても32・3％）と、県別ではトップとなっており、2位の「長野」23・5％を大きく上回っている。「北海道」意向者の居住地別の傾向を見ると43・2％が首都圏居住者、21・9％が大阪圏居住者となっており大都市圏居住者が多くなっている。北海道は「旭川パークホテル」など話題の施設はあるものの、現在人気の犬旅エリアとは異なり、特定の人気エリアは見られないが、北海道の広大な自然の中で愛犬を思いきり遊ばせてみたいと思うペットオーナーは非常に多いようだ。マイカーやレンタカーでゆっくりペットと一緒に北海道を一周してみたいというペットオーナーも何人か見られた。

そして、「沖縄」は20・7％で県別では3位となっている。「沖縄」意向者の居住地別の傾向を見ると、「首都圏」が37・1％、「大阪圏」が22・9％と北海道と同様大都市圏居住者が多くなってい

図表⑤　意向する犬旅デスティネーション／都道府県別
（n=1718　犬旅意向者ベース）（％）

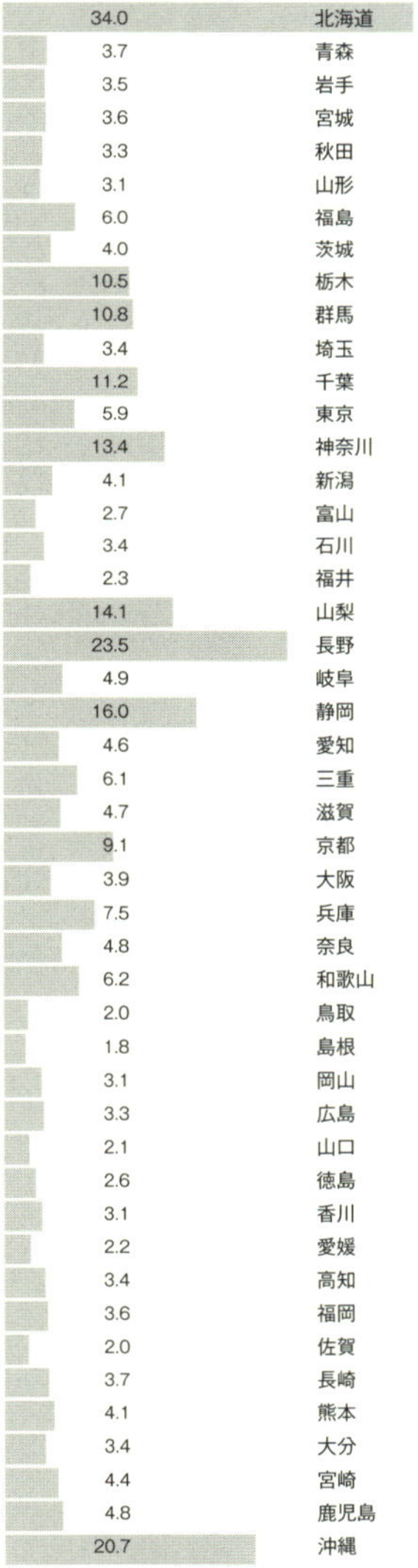

割合	都道府県
34.0	北海道
3.7	青森
3.5	岩手
3.6	宮城
3.3	秋田
3.1	山形
6.0	福島
4.0	茨城
10.5	栃木
10.8	群馬
3.4	埼玉
11.2	千葉
5.9	東京
13.4	神奈川
4.1	新潟
2.7	富山
3.4	石川
2.3	福井
14.1	山梨
23.5	長野
4.9	岐阜
16.0	静岡
4.6	愛知
6.1	三重
4.7	滋賀
9.1	京都
3.9	大阪
7.5	兵庫
4.8	奈良
6.2	和歌山
2.0	鳥取
1.8	島根
3.1	岡山
3.3	広島
2.1	山口
2.6	徳島
3.1	香川
2.2	愛媛
3.4	高知
3.6	福岡
2.0	佐賀
3.7	長崎
4.1	熊本
3.4	大分
4.4	宮崎
4.8	鹿児島
20.7	沖縄

＊旅の販促研究所調査（2007年）

る。「沖縄」の宿泊施設としては「カヌチャベイホテル&ヴィラズ」が有名。ＡＮＡ（ＡＮＡセールス）では「ワンワンフライトＩＮカヌチャリゾート　沖縄3・4日」というパッケージツアーも企画されており、室内で一緒に滞在でき、ドッグパークやペットホテル、トリミング、マッサージ、携行品のレンタル等のサービスもある。そのほかにも沖縄にはペット可のホテルやペンション、コテージ等も多く、ロングステイして愛犬とのんびり過ごしたいと思うペットオーナーも多いだろう石垣島や宮古島などの離島への意向もある。

「北海道」、「沖縄」はともに「飛行機」の利用が中心になると思われるが、「飛行機」利用については実態でも触れたが不安を感じているペットオーナーが多く、実際に利用率も低かった。しかし、最近3年間に犬旅を経験したペットオーナーでも「北海道」は29・9％、「沖縄」は18・7％が意向を示しており、多くのペットオーナーがトライしたいと考えているようである。このように「北海道」と「沖縄」は今後の「犬旅」のデスティネーションとして注目される。

デスティネーションについての調査対象者のコメント

「北海道に行って、レンタカーでいろいろな所に行きたい。コテージに泊まって、アウトドアスポーツを楽しみたい」（小型犬・女性45歳）

「北海道とかで、たまには広い草原で遊ばせてやりたいですね」（小型犬・男性33歳）

「北海道へは車で行って、のんびりあちこちまわってみたい。もう歳なので来年あたりが最後かなと思っている」（大型犬・女性56歳）

「できれば沖縄でコンドミニアムを借り、一ヶ月程度の滞在をして離島をまわりたい」（小型犬・

女性61歳）
「軽井沢に連れて行きたい。自然が多いし、他の人もペットを連れてきているから」（中型犬・女性31歳）
「自宅から極端に遠い場所は犬の負担を考えると無理かなと思います。1泊2日か2泊3日程度の日程で、犬と宿泊できる施設に泊まりたいと考えます」（小型犬・男性28歳）
「伊豆小室山のような遊歩道など、ペットが喜んで遊べるところ、私は温泉が大好きなので温泉地」（小型犬・女性62歳）
「家族旅行として1泊旅行を企画したい。できれば、北海道や沖縄を考えたい」（小型犬・男性52歳）
「絶対に行きたいのは四国八十八ヶ所巡り。軽トラで一緒に行きたい」（小型犬・女性28歳）
「家から関越道が近いので自家用車で行ける範囲。軽井沢が候補。アウトレットモールで一緒に買い物がしたい」（小型犬・女性51歳）
「小豆島もペット連れ旅行がしやすいと聞いたので一度行ってみたい」（猫・女性32歳）

図表⑥ 意向する犬旅デスティネーション／ブロック別　（犬旅意向者ベース）（%）

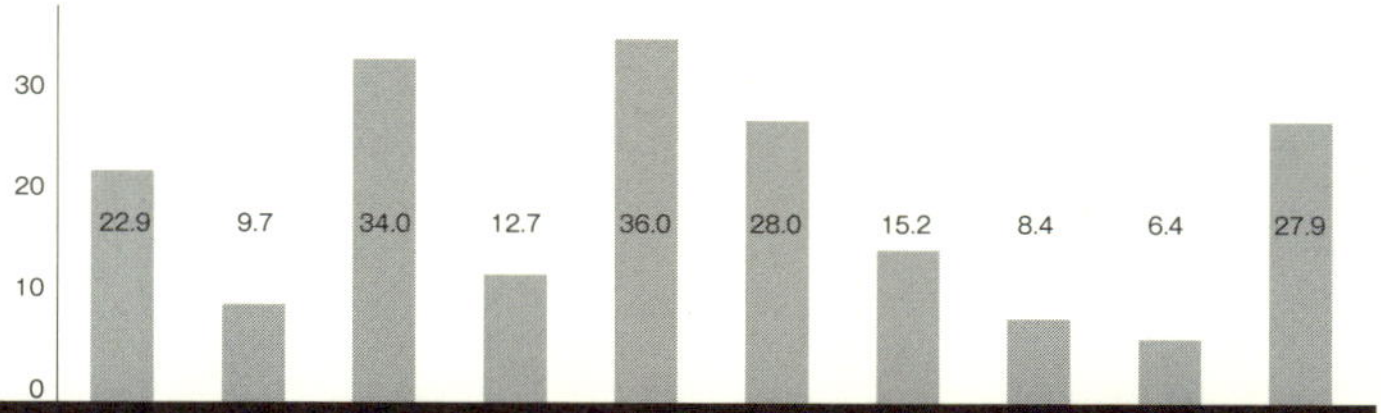

	n	首都圏	大阪圏	北海道	東北	北関東甲信越	東海北陸	近畿東南部	中国	四国	九州沖縄
全体	1718	22.9	9.7	34.0	12.7	36.0	28.0	15.2	8.4	6.4	27.9
「犬旅」経験者	713	22.3	9.7	29.9	13.6	38.4	26.4	13.9	8.3	4.9	24.7
未経験者	1005	23.3	9.8	36.9	12.1	34.3	29.2	16.1	8.6	7.5	30.2
積極的意向者※1	719	25.0	10.4	34.9	13.6	38.7	31.3	15.7	7.8	5.1	29.9
消極的意向者※2	999	21.3	9.2	33.3	12.1	34.1	25.6	14.8	8.9	7.3	26.5

※1 積極的意向者：「すでに具体的に予定を立てている」と「具体的な予定はないが、ぜひ行きたい」と答えたペットオーナー
※2 消極的意向者：「機会があれば行きたい」と答えたペットオーナー
＊旅の販促研究所調査（2007年）

4 犬旅意向者の利用交通機関

「マイカー」中心、「飛行機」「鉄道・新幹線」も増加の気配

今後の犬旅で利用したい交通手段については図表⑦のようになっている。やはり実態と同様「マイカー」が圧倒的にトップとなっており、今後の犬旅でも、最も周囲に気兼ねのいらないマイカー利用が中心になると思われる。しかし、「飛行機」や「鉄道・新幹線」など公共の交通手段の利用を意向しているペットオーナーも比較的多く見られる。

まず、「飛行機」は北海道や沖縄といったデスティネーションの意向の高さを反映して、犬オーナーの16・2％、猫オーナーの22・0％と多くが意向を示している。犬を専用室に預けることに抵抗を感じるペットオーナーも多く、最近3年間の犬旅では、犬オーナーは4・5％、猫オーナーは3・4％程度の低い経験率であったが、最近3年間の犬旅経験者では17・5％が「飛行機」の利用を意向している。前述の通りＪＡＬ、ＡＮＡともにペット旅行については各種サービスを設けて対応しており、北海道、沖縄到着後にペット用レンタカーを手配してくれるＡＮＡの「ペットといっしょ専用レンタカー」サービス、同じく、ＡＮＡの「ワンワンフライトＩＮカヌチャリゾート　沖縄3・4日」といったパッケージツアーなど、航空会社の対応も充実してきており、今後の「飛行機」利用は確実に増えていきそうだ。

「鉄道・新幹線」だが、最近3年間の犬旅では、小型犬オーナーは7・8%、猫オーナーは12・6%程度の経験率となっているが、今後については小型犬オーナーの14・8%、猫オーナーの18・8%と比較的多くが利用したいと考えている。マイカーでの移動を想定しないオーナーにとっては最も身近な交通機関であり、やや遠距離を志向した場合には新幹線の利用も便利だと思われる。しかし、〝電車などの交通機関でパニックを起こして騒いでしまうのが心配〟、〝ケージが他の乗客の邪魔になるのでは〟など、利用してみたいとは思いながらも電車の利用については不安を感じているペットオーナーは多い。やはり公共の空間で最もしつけや慣れが要求される交通手段であり、旅行を具体化する際に躊躇してしまうオーナーも多いと思われる。4章で触れたJR九州の「ペットカード」のように受け

図表⑦ 意向する犬旅の交通手段　（犬旅意向者件数ベース）（%）

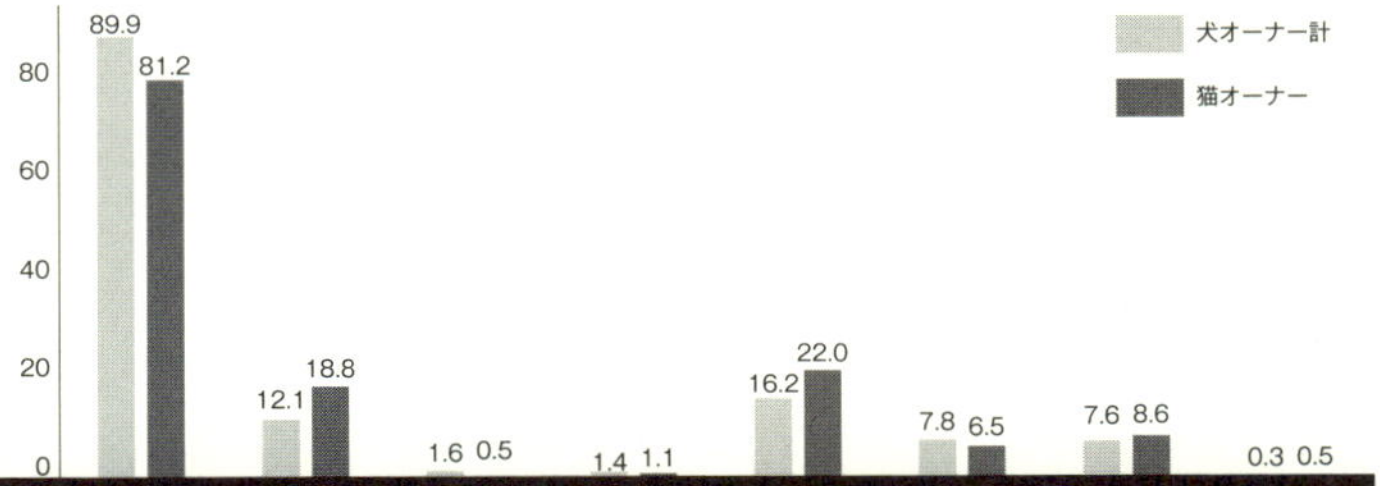

	n	マイカー	鉄道 新幹線	長距離を 除くバス	長距離 バス	飛行機	フェリー 客船	レンタカー	その他
全体	1718	89.0	12.8	1.5	1.4	16.8	7.6	7.7	0.3
犬オーナー計	1532	89.9	12.1	1.6	1.4	16.2	7.8	7.6	0.3
小型犬オーナー	1043	88.4	14.8	2.1	1.7	18.1	6.7	7.7	0.4
中型犬オーナー	352	92.6	8.5	0.9	1.1	12.2	9.7	7.1	0.3
大型犬オーナー	137	94.9	0.7	-	-	11.7	10.9	8.0	-
猫オーナー	186	81.2	18.8	0.5	1.1	22.0	6.5	8.6	0.5
「犬旅」経験者	713	87.9	11.6	1.7	1.0	17.5	7.6	8.1	0.1
未経験者	1005	89.8	13.6	1.4	1.7	16.3	7.7	7.4	0.5
積極的意向者※1	719	87.9	13.1	1.9	1.5	18.2	8.8	8.6	0.3
消極的意向者※2	999	89.8	12.6	1.2	1.3	15.8	6.8	7.0	0.4

※1 積極的意向者：「すでに具体的に予定を立てている」と「具体的な予定はないが、ぜひ行きたい」と答えたペットオーナー
※2 消極的意向者：「機会があれば行きたい」と答えたペットオーナー
＊旅の販促研究所調査（2007年）

入れサイドが犬旅に配慮したささやかなサービスを導入するだけでも、トライしてみようと思うペットオーナーは確実に増えるのではないだろうか。

多様化する犬旅の交通機関への要望

そのほか、マイカーで移動し「フェリー」で海を渡る犬旅を意向しているペットオーナーも比較的多く見られるほか、年配のペットオーナーからはマイカーや、乗り継ぎ等の多い電車・新幹線や飛行機の利用は難しいことから、バスツアーなどの企画を求めるコメントもあげられている。

「フェリー」はペットルームやドッグハウスを設けている会社もあるが、自動車から出せないフェリーも多い。いずれにしても客室に入れることはできないため、「飛行機」ほどではないにしてもペットオーナーも悩むところだろう。また、「バスツアー」については、インターネットのペットサイトでの企画、ペット愛好者の集まりなどで、貸切バスを利用してのツアーがすでに比較的多く行われているようであるが、現状ではペット愛好家の主体的な関与が必要とされる集まりであり、多くのペットオーナーがすぐに利用できるようにはなっていないようだ。

交通機関に関する調査対象者のコメント

「行き先はマイカーで2〜3時間の距離の所が負担なく行けそうです」(小型犬・男性43歳)

「犬にも負担のかからないような行程で、主に車を使っての移動が希望。公共交通だと他の乗客にも気を遣うので」(小型犬・女性27歳)

「実家へ飛行機で帰省。ペット可のレストランで一緒に食事をしたい」(小型犬・男性39歳)

「お義母さんの故郷の山形へ行こうと思っています。フェリーを利用しようと思っていますが、フェリーでは長時間ペットを車に乗せておかなければならないので、考え中です」（小型犬・男性47歳）

「2～3泊で新幹線・フェリーなどを利用してゆったりと旅行をしたい」（小型犬・女性65歳）

「もう老犬なので、飛行機を使っての遠出はできないと思うが、フェリーなどを使って離島に行ってもよいと思っている」（小型犬・女性26歳）

「夫婦ともに高齢になっているので、旅行の行程は大変重要になってきております。飛行機や電車、新幹線の乗り継ぎを考えると、ペット可のバスになると思うのですが、そのようなバスツアーの旅行が企画されるとは思いません。自家用車ではなく、他の交通機関でペットと旅行が出来たらと思います」（小型犬・女性61歳）

「飛行機の場合、動物は貨物室に入れられてしまうので、何かあったとき何もできないという不安があります」（小型犬・男性33歳）

「今検討しているのが、キャンピングカーを購入して、人様に迷惑をかけなくても食事をしたり、お泊まりできたらと考えています」（小型犬・女性48歳）

「名古屋まで自走しフェリーで苫小牧に渡り、北海道内を自走し、帰路は小樽から敦賀または舞浜までフェリー、自宅までは自走」（猫・男性58歳）

「電車で旅行をしてみたい」（猫・男性63歳）

5 犬旅意向者の宿泊施設

今後利用したい宿泊施設のトップは「ホテル」

図表⑧は、今後の犬旅における宿泊施設の意向を示したものであるが、「ホテル」、「旅館」などの一般の宿泊施設を意向しているペットオーナーの多さに驚く。

最近3年間の実態では犬・猫オーナーともに最も気兼ねなく、くつろげる宿としての「実家」がトップであり、一般の宿泊施設の利用が比較的多い犬オーナーでも「ホテル」が18・5%、「ペンション」が17・0%程度の利用となっていたが、今後の犬旅意向者が想定する宿泊施設では、犬、猫オーナーともに6割以上と多くが「ホテル」の利用を意向しているほか、犬オーナーは「ペンション」47・7%、「旅館」37・3%、「コンドミニアム」34・3%、猫オーナーは「旅館」47・3%、「ペンション」41・9%、「コンドミニアム」30・1%の順で意向者が多く見られる。

ペット可だけでは満足できない今後の犬旅

しかし、「犬旅」を検討する上での不安について確認したオープンアンサーを見ると、利用してみたいとは思いながらも、宿泊施設に対しては様々な不安を持っているようである。まず驚くのが、宿泊施設が少なく確保できないというコメントが非常に多くあげられていることだ。ペット可の宿泊施設は増えており、インターネットの各種サイトやガイドブックなどでは多くの宿が紹介されているように思えるが、ペットオーナーの実感としては多いとは思われていないようである。中型犬、大型犬、猫のオーナーはもともと受け入れている宿泊施設が少ないこともあるが、最も受け入れ体制が整っている小型犬オーナーからも同様な不満があげられている。

これには大きく2つの理由が考えられる。一つは、「室内犬」の場合は当然のことながら、ペットオーナーと同じ生活スペースで過ごしている。そのため、同室での宿泊ができないことや、食事のときや温泉をはじめとする館内の施設を利用する際に、ペットを部屋に置いていくこと、ましてやケージに入れたまま部屋に置いていくことについては、非常に抵抗を感じている人が多い。そこまで要求すると、ペット可とい え

図表⑧ 犬旅で利用したい宿泊施設　（犬旅意向者ベース）（%）

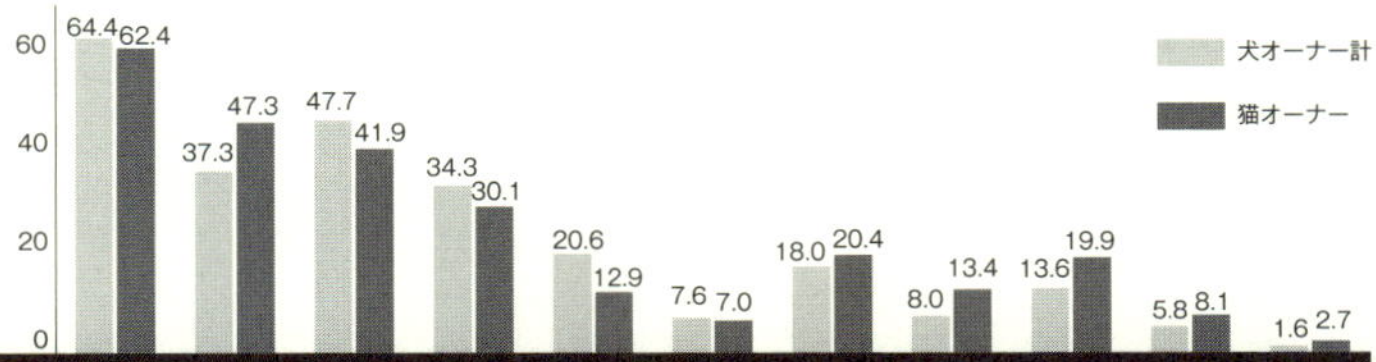

	n	ホテル	旅館	ペンション	コンドミニアム	キャンプ場	別荘	貸別荘	友人・知人宅	実家	車の中	その他
全体	1718	64.2	38.4	47.1	33.8	19.7	7.5	18.3	8.6	14.3	6.1	1.7
犬オーナー計	1532	64.4	37.3	47.7	34.3	20.6	7.6	18.0	8.0	13.6	5.8	1.6
小型犬オーナー	1043	67.8	39.1	46.4	32.7	17.4	7.0	16.8	8.2	14.3	5.0	1.7
中型犬オーナー	352	56.5	33.5	49.7	35.5	24.7	10.5	19.9	8.0	12.5	8.8	1.4
大型犬オーナー	137	59.1	32.8	52.6	43.1	33.6	4.4	22.6	5.8	11.7	4.4	0.7
猫オーナー	186	62.4	47.3	41.9	30.1	12.9	7.0	20.4	13.4	19.9	8.1	2.7
「犬旅」経験者	713	58.3	33.7	44.3	30.7	20.1	7.9	16.3	8.8	21.0	7.9	2.2
未経験者	1005	68.4	41.7	49.1	36.0	19.5	7.3	19.7	8.4	9.6	4.8	1.3
積極的意向者※1	719	67.2	39.5	48.4	34.4	20.0	8.9	18.9	9.5	14.6	8.1	1.7
消極的意向者※2	999	62.1	37.5	46.1	33.4	19.5	6.5	17.8	7.9	14.1	4.6	1.7

※1 積極的意向者：「すでに具体的に予定を立てている」と「具体的な予定はないが、ぜひ行きたい」と答えたペットオーナー
※2 消極的意向者：「機会があれば行きたい」と答えたペットオーナー
＊旅の販促研究所調査（2007年）

ども、数が非常に限られてしまうのだろう。

もう一つは〝ペットのための設備は整っているのだけれど、ペットだけのためにではなく、私たち人間もそれなりに楽しめるようなホテルがあるとよい〟、〝ペットと宿泊できる宿のグレードが気になります。どうしてもそれなりの宿になってしまうのが悩みです〟というコメントに代表されるように、ペットの宿泊が可能なだけではなく、人間も満足できる環境、施設、食事、サービスの提供を求めるペットオーナーは多い。自分が泊まりたいと思うグレードの宿泊施設でペット可の施設が少ないと感じているペットオーナーも多いようだ。

このように、他人への迷惑を考えキャンプ場やコテージ、貸し別荘などの利用が中心となっていた段階から、ペンション、さらにホテルや旅館を利用したいというペットオーナーが非常に増えている。それに伴い、ホテルや旅館に対しては、ペットのための設備やサービスの充実はもちろん、人間が満足できる施設やサービスのレベルアップが求められる段階に入ったと思われる。

宿泊施設に関する調査対象者のコメント

「来年の秋頃、一ヶ月くらい、沖縄でマンスリーマンションを借りてペットと家族みんなで過ごしてみたいと思っています」（小型犬・男性33歳）

「のびのびと走り回れて、家族と一緒に寝食できるペットの負担にならない旅行。他のペットの家族とは一緒にならない宿泊施設を利用したい」（小型犬・男性42歳）

「ペットが自由に走れる大きな公園や広場がある場所、自然の多い環境。ペットと一緒はペンションしか泊まったことがないので、ホテルや旅館に行ってみたいですね」（小型犬・男性43歳）

「できれば宿泊だけでなく、食事のときもそばにおける施設があればいいと思う。初めての場所では部屋に犬だけにすると吠え続けたりするので」（小型犬・男性45歳）
「ペットホテルなどの施設が完備されたシティホテルを利用した旅行を計画している」（小型犬・男性52歳）
「宿泊施設に別施設（温泉街等で共通のペット施設等）でよいから預けられるスペースがあると機会が増えると思います」（小型犬・男性64歳）
「冬に蟹を食べに行きます。ペット同伴可のお宿で室内でも放せるので、ずっと一緒にいて遊んであげようと思います」（小型犬・女性24歳）
「大きな庭（ドッグラン）がついていて、思いっきり遊ばせ、部屋には人間用＋犬用の露天風呂でともに疲れをとることができる」（小型犬・女性27歳）
「温泉があり、美味しいご飯と素晴らしい景色のある所。宿泊はなるべく、犬が孤独にオリに入れられることのない所が望ましい」（小型犬・女性34歳）
「ホテルの中にペットホテルがあり、日中のみ一緒に出かけられるホテルを探してみたい」（小型犬・女性39歳）
「草原の上で自由に走り回れるなど、猫でも逃げたりしないような安心な環境がある施設を利用して旅行したい」（猫・女性21歳）
「犬と異なり猫は勝手にどこにでも行ってしまうので、絶対に逃げ出さない工夫が部屋などにしてあるなど、安心できる設備があることが条件になる」（猫・女性63歳）
「ペット受け入れ可能な高級旅館等のグレードが高い宿泊施設」（小型犬・女性27歳）

6 犬旅意向者の旅行手配方法

多様化が進む今後の犬旅

前述の通り、様々な不安を持ちながらも犬旅の意向者は非常に多く、意向する旅行内容を概観すると犬旅の変化、多様化の兆しが見えてきた。デスティネーションでは従来の大都市圏からアクセスのよい犬旅エリアに加え、「北海道」や「沖縄」などがイメージされている。交通手段は今後もマイカー利用が中心になることは変わらないが、「飛行機」や「鉄道・新幹線」での犬旅を意向するペットオーナーが増えている。宿泊施設では、周囲に迷惑をかけないことに配慮してキャンプ場やコテージ、貸し別荘などの利用、実家への帰省旅行等が多かった段階から、ペンション、さらにホテルや旅館などの意向者が増え、ペットに対する施設・サービスの充実と同時に、人間が満足できるクオリティを求めるペットオーナーが増えている。

旅行会社に期待される犬旅の変化への対応

では、これらの犬旅をペットオーナーたちはどのように予約手配しようと考えているのだろうか。図表⑨は今後の犬旅意向者が想定している手配方法を示している。犬、猫オーナーともに「インターネットで手配」が6割以上と最も多く、「電話で直接手配」が3割台で次いでおり、実態と同様に今後もこれらが犬旅の手配方法の中心になると思われる。特にインターネット利用はますます伸びていくものと思われる。

実態では非常に僅かであった旅行会社の利用を想定している人も比較的多く見られ、「旅行会社が企画したパッケージツアー」は犬オーナーの16・1%、猫オーナーの21・0%が、「宿泊施設のみ旅行会社で手配」は犬オーナーの17・2%、猫オーナーの16・7%が意向を示している。犬旅に対するペットオーナーのニーズは多様化し、〝より楽しい旅行を求めて、ペット可のいい宿を見つけたい〟というコメントに代表されるように、ペットもペットオーナーもより満足できる宿泊施設や、旅先での楽しみを見つけたいと考えるペットオーナーが確実に増えており、犬旅での旅行会社への期待も今後高まってくるものと思われる。

また、旅行会社の意向者は、犬旅未経験

図表⑨ 犬旅で利用したい手配方法　（犬旅意向者ベース）（%）

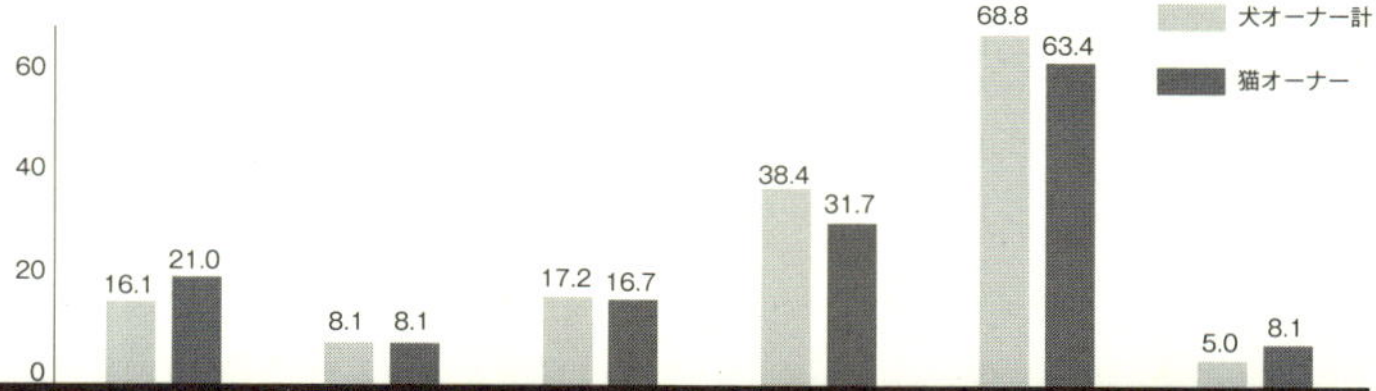

	n	旅行会社が企画したパッケージツアー	JR券・航空券をセットにして旅行会社で手配	宿泊施設のみ旅行会社で手配	電話で直接手配	インターネットで手配	その他
全体	1718	16.6	8.1	17.1	37.7	68.2	5.4
犬オーナー計	1532	16.1	8.1	17.2	38.4	68.8	5.0
小型犬オーナー	1043	17.6	9.0	18.1	36.5	69.2	4.1
中型犬オーナー	352	12.5	6.8	16.5	39.8	66.8	8.5
大型犬オーナー	137	13.1	4.4	11.7	48.9	70.8	2.9
猫オーナー	186	21.0	8.1	16.7	31.7	63.4	8.1
「犬旅」経験者	713	10.4	4.8	9.7	43.5	67.7	8.4
未経験者	1005	21.0	10.4	22.4	33.5	68.6	3.2
積極的意向者※1	719	15.3	8.2	15.6	42.0	69.8	5.7
消極的意向者※2	999	17.5	8.0	18.2	34.5	67.1	5.1

※1 積極的意向者：「すでに具体的に予定を立てている」と「具体的な予定はないが、ぜひ行きたい」と答えたペットオーナー
※2 消極的意向者：「機会があれば行きたい」と答えたペットオーナー
＊旅の販促研究所調査（2007年）

者、すなわちこれからトライしたいと思っているペットオーナーで、「旅行会社が企画したパッケージツアー」が21・0%、「宿泊施設のみ旅行会社で手配」が22・4%と多く見られ、今後の犬旅の拡大において、旅行会社が重要なポジションにあることが分かる。

では、今後の犬旅において旅行会社には何が求められているのだろうか。まずは宿泊施設の設備・サービスの信頼できる情報の提供があげられる。前述の通りオープンアンサーではインターネットなどの情報を頼りに自分で予約を入れて利用した宿泊施設に対する不満が多く見られる。ペット可をうたう宿泊施設でも全館ペットの対応を想定している宿泊施設と、一般の施設の一部にペット可の部屋を設けている、同室で宿泊できない施設まで様々であり、この基本的な情報も曖昧なまま予約手配してしまうケースも多い。また、宿泊施設のスタッフがペットにフレンドリーでなかったり、部屋が清潔でなかったりと不快な経験をしているペットオーナーも多い。宿泊施設近くのペット病院の情報は必須である。そのほか、周辺の観光スポット、レストランなどの情報提供も重要であろう。

また、従来の犬旅エリアから、北海道や沖縄など、デスティネーションにも広がりが見られ、それに応じて交通手段の意向にも変化が見られる。しかし、飛行機や鉄道・新幹線の利用については、まだ不安を感じているペットオーナーが多い。旅行会社にとっては非常に難しいテーマではあるが、求める旅行内容に応じた交通手段の提案、犬旅旅行者の不安の解消、パッケージツアーの企画など、いよいよ旅行会社の本格的な取組みが必要になってきたと思われる。

手配方法や情報収集についての調査対象者のコメント

「ペット同伴可のペンションか旅館に泊まりたいけど、あんまり衛生的でない宿には私自身抵抗を感じるので、極力きれいな所をクチコミなどで探したい」（小型犬・女性41歳）

「ガイドブックやネットで見ると、ペットが入れる温泉や温水プールなどがあって、ペットが気持ちよさそうな様子が出ているペンションがいくつかあるので、一度連れて行ってあげたい」（小型犬・女性48歳）

「ペットを同伴できる旅行が増えてきたが、情報を集めるのが大変なので、情報があればもっと旅行に行こうと思います」（小型犬・女性66歳）

「本やネットでは〝ペット可〟がどの程度なのかよく分からないことが多い」（小型犬・男性41歳）

「目的にあうツアーが相当少ない」（小型犬・男性62歳）

「インターネットだけでは分からないことも多いので詳しく調べる必要があると思う」（小型犬・女性28歳）

「観光地でもペットと一緒に見学できる施設は少なく、またそのときに預かってくれる施設もほとんどないので、見学している間ペットをどうしておくかいつも気になる」（小型犬・女性42歳）

「宿泊先の設備や清潔さなどが事前にはっきりとは分からない」（小型犬・女性43歳）

「どの範囲までがペット可なのか、はっきりしないのでいやです。宿泊施設によってまちまちだから」（小型犬・女性45歳）

「ペットも一緒に宿泊可能な場合、そのホテルの衛生面、ペットの鳴き声等の防音設備等、詳しくパンフレットに載っていると助かります」（小型犬・女性47歳）

Column❺

世界の国々の犬旅事情Ⅱ――オーストラリア・カナダ編――

大自然への犬旅、オーストラリア

オーストラリアの犬旅はやはり車での国内旅行がほとんどのようだ。国内旅行といってもスケールは大きい。週末にキャラバンパークやキャンプ場にキャンピングカーなどで行き、ペットとともに大自然を満喫しているという。犬との旅行を楽しむためのカー用品やガイドブックも充実しているようである。

一般的な状況としては、ドッグランのある公園も多く、またシドニー近郊にはドッグビーチもある。地域によっては、お店やレストランの前に犬をつないでおくスペースや犬用の水飲み場が設置されている。ボランティアベースの動物愛護団体も多く、保護施設も充実しており、動物虐待に対しては刑事法で厳しく罰せられるとのことである。「犬のしつけ学校も多く、致命傷となるダニの対策も予防注射や専門薬が充実しており、犬を取り巻く様々な環境を考えると、日本よりペットを認知した社会だと思う」とＪＴＢシドニー支店安藤マネージャーはコメントしている。

カナダでは特別扱いしない家族の一員

カナダにおいても犬を連れた旅行は車がほとんどで、陸続きのアメリカもその範囲となるようだ。車での犬旅はずいぶんと根付いているようで、駐車場や高速道路の料金所ブースにいる係員が、犬用のお菓子を常備していて、車に乗っている犬をみるとドライバーにお菓子をあげている光景がよく見られるそうである。

宿泊施設については、原則は禁止であるものの一部の施設は制限がない。そのような施設に犬とともに宿泊するにしても、犬用のケージなどの特別な備えはなく、宿泊者の一員にただ犬が存在するといった意識であるらしい。つまり、宿泊施設も宿泊者も自覚を持ち、犬に対しての認識が共有されているのであろう。犬が宿泊可能なある高級ホテルの客室ドアにはのぞき穴が3つあり、上段は大人用、中段は子供用、下段は犬用とのことである。

公共の場においても、もちろん犬が全ての場所に立ち入り自由ということでなく、例えば、公園であれば、犬を入れてはいけない公園、犬を入れていい公園、リードも離していい公園、時間帯が制限されている公園などと規則が存在し、徹底されているようである。捨て犬、捨て猫は見ることがなく、万が一、飼えなくなれば、新しい飼い主を探してくれる施設に引き取ってもらうことができる。

ノーリードエリアであることを知らせる公園の標識

日本とカナダの犬に対しての意識の違いをＪＴＢカナダのバンクーバー支店の新川支店長は、「家族と同じように扱うという点では、カナダは日本より先進国だと感じる。しかし、専門のヘアサロン、様々な犬に対するグッズが存在する日本は、その観点からすると先進国かもしれない。カナダでは犬は家族の一員で特別扱いはしない。一方、日本では少々〝おもちゃ〟に近い感覚がある。ペット感覚の違いを感じる」とコメントしている。

第7章

ペット同伴宿の実態

1 ペット同伴宿の現状

ペット同伴宿オーナー調査概要

ペット同伴宿の実態を調べるにあたって、全国のペットと泊まれる宿に対して郵送調査を行った。その結果102件の回答を得、それに基づいて分析した。

主な質問は、

・施設に関すること……「施設形態」、「ペット同伴受け入れ開始年」、「全客室数」、「ペット宿泊可能な客室数」、「ペットのための専用施設」、「ペットの入室可能な施設」、「お客様の宿泊料金」、「ペットの宿泊料金」、「受け入れペットの種類」、「開業のきっかけ」

・お客様に関すること……「居住地」、「同伴者」、「申込方法」、「ペットの犬種」、「宿泊日数」、「宿泊客の増減傾向」、「お客様とのトラブル」、「最近の傾向」

などである。

全てのペット同伴宿への調査ではないので、数値はあくまでも傾向値という見方をしていただきたい。しかし、郵送調査に積極的に答えてくれた宿オーナーの生の声は犬旅を考えるときの大きなヒントとなるだろう。

施設形態は小規模のペンションやコテージが中心

回答していただいた宿泊施設の形態は、ホテル、ペンション、コテージ、旅館、オーベルジュ（宿泊施設付きレストラン）、コンドミニアムなどで、図表①のようにペンションが75・5％と圧倒的に多く、次いでコテージが12・7％、旅館が5・9％、ホテルが2・0％であった。ペンションが積極的にペットを受け入れている様子がよく分かる。コテージも同様に犬旅にとっての使いやすい宿泊施設といえるだろう。旅館・ホテルからの回答は少なかった。

客室数は、10室以内が85・3％と小規模の宿泊施設がほとんどで、5室以内も26・5％と多い。21室以上は5％しかなかった。ペットと泊まれる部屋数も、10室以内が87・0％と多くを占めた。

図表①　施設形態　(n=102)

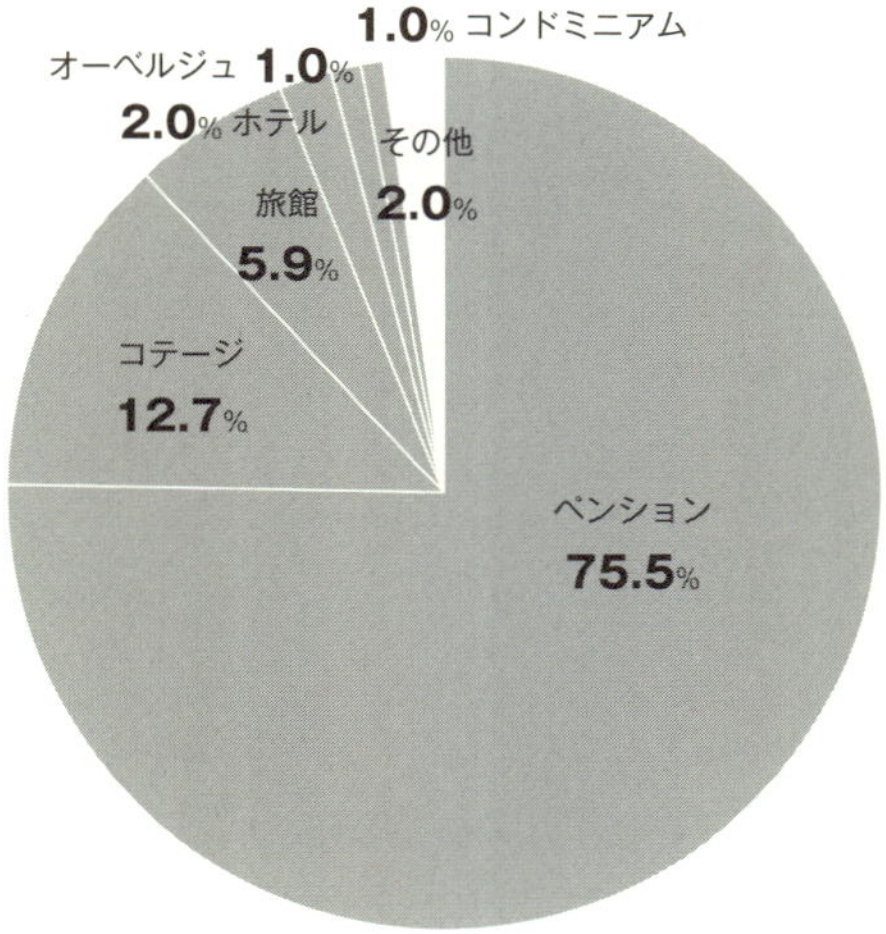

＊旅の販促研究所調査（2007年）

ペット同伴ホテルのロビー

小さな規模の特性を生かし、ペットを受け入れることによって差別化された特徴ある宿泊施設として旅行者を集めようとしている様子がよく分かる。

多くの種類のペットを受け入れ、２割が無料

受け入れているペットは、図表②のように小型犬が１００％、中型犬が94％、大型犬が87％、猫が78％となっている。ペットを受け入れる以上、基本的には全てＯＫというスタンスのところが多いのが分かる。しかし、コメントでは、超大型犬はよだれなどが激しいのでＮＧなどの声もあった。

人間の宿泊料金とは別にペットの宿泊料金がかかるのが一般的なようだ。しかし、約20％が無料でペットを受け入れている。料金の平均は、小型犬で１３７０円、中型犬で１５３０円、大型犬で１７５０円、猫で１２００円といずれも２０００円以内にとどまっている。

犬と猫以外にも、ウサギやフェレット、ハムスターなども受け入れているところも多い。しかし他の動物の臭いが問題になることもあるので、犬以外は受け入れない

図表② 受け入れているペットの種類 (n=102) (%)

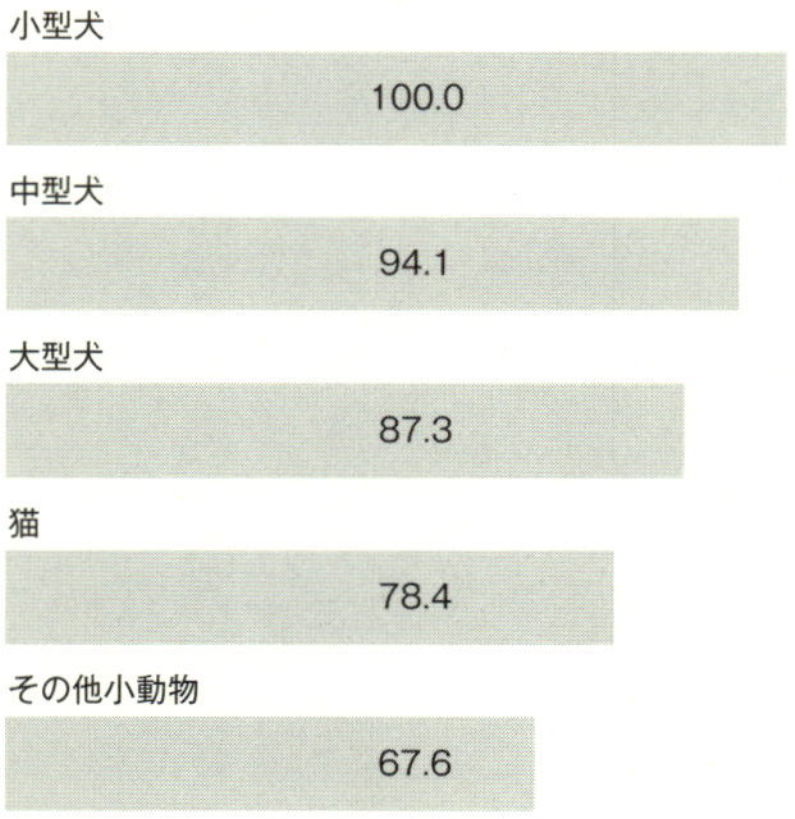

*旅の販促研究所調査（2007年）

図表③ ペットの入室可能な館内施設 (n=102) (%)

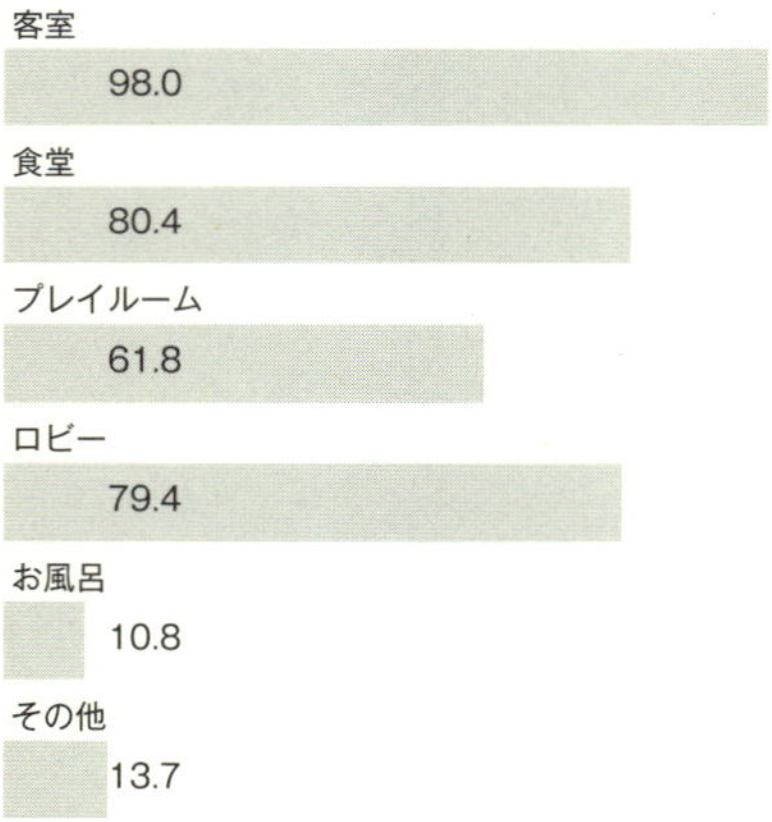

*旅の販促研究所調査（2007年）

宿もあった。

ちなみに、人間の宿泊料金の平均は平日で約９９００円、休前日で約１万８００円であった。一般の国内旅行の宿泊料金より低価格の料金を設定しているところが多いといえる。

ほとんどの施設が入室可能だが、お風呂は１割程度

ペットの入室可能エリアは、図表③のようにほとんどの客室で可能になっている。今回回答を得たペット同伴宿は積極的なところがほとんどで、実際には同室宿泊は不可で館外のペット専用施設で泊まるという施設も多くある。

客室以外では食堂やロビーも８割が可能としているのはペットオーナーには嬉しい。また、カラオケルームなどのプレイルームへの入室も多くの施設が認めている。

しかし、お風呂は１割程度しかＯＫではなかった。

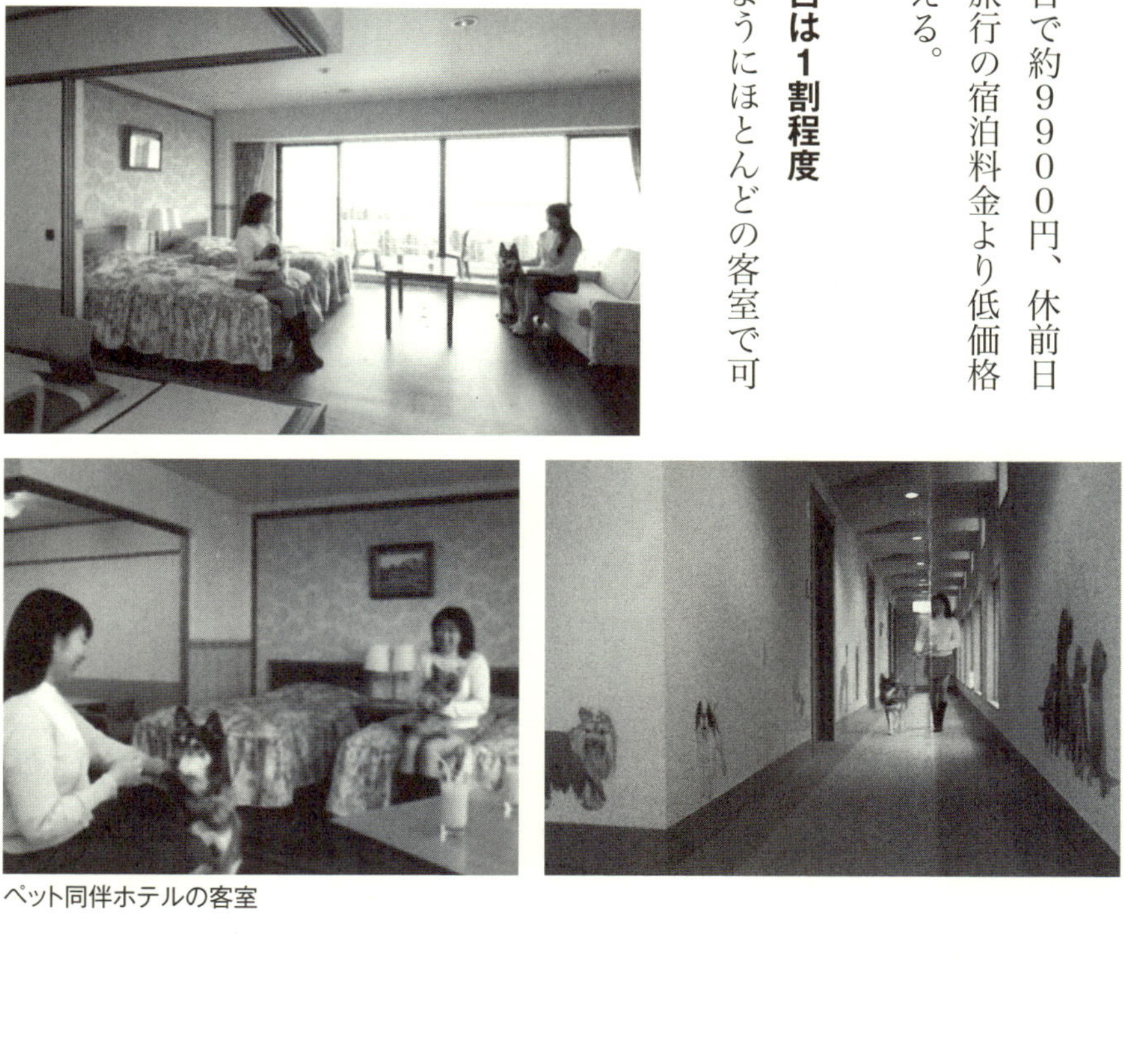

ペット同伴ホテルの客室

2 ペット同伴宿にした理由

ペット同伴宿を開始した時期ときっかけ

ペット同伴宿、すなわちペットを受け入れるようになったのはいつ頃からなのかを聞いてみた。ペンションなどを設立した当初からペットを受け入れた場合と、途中からペット可とした場合のふたつのパターンがあるようだ。

受け入れ開始年は図表④のとおり、1990年以前が21％、1991年から1995年が13％、1996年から2000年が22％、2001年から2005年が41％、2006年と2007年で2％となった。これを見ると、2001年以降の比較的最近に受け入れを開始している宿が多いようである。

「ペット同伴の宿の設立のきっかけは？」の質問の答えで多かったのは、「もともとペットが大好きだったから」、「ペット好きの常連のお客様の要望で」、「自分もペットを連れて旅行をするので」、「前のオーナーのときからペットOKだった」などであった。ほかには、「海外旅行に行って当たり前のようにペットを連れて旅行に行く姿や、ペットが社会の中で自然に過ごしている光景を見て始めた」という宿オーナーもいた。「日本にないなら自分で始めてやろう」という気概をもってペッ

ペット同伴ホテルのマスコット犬

ト専用ペンションを始めた宿オーナーもいる。

マスコット犬は当たり前

ペット同伴の宿では、図表⑤のように84％の宿オーナーがペットを飼っていると答えた。ペット同伴の宿を始めたきっかけが、もともとペットが大好きで始めた宿オーナーが多く、マスコット犬は当たり前のようだ。また、宿泊客もマスコット犬がいると、動物好きな宿オーナーだと思い安心するという。宿泊施設の選択に際し宿自身がペットを飼っているかどうかを基準にする人も多い。

宿で飼っている犬種は、ゴールデン・レトリーバーやラブラドール・レトリーバーが多く、次に

図表④ ペット同伴受け入れ開始年　（n=102）（%）

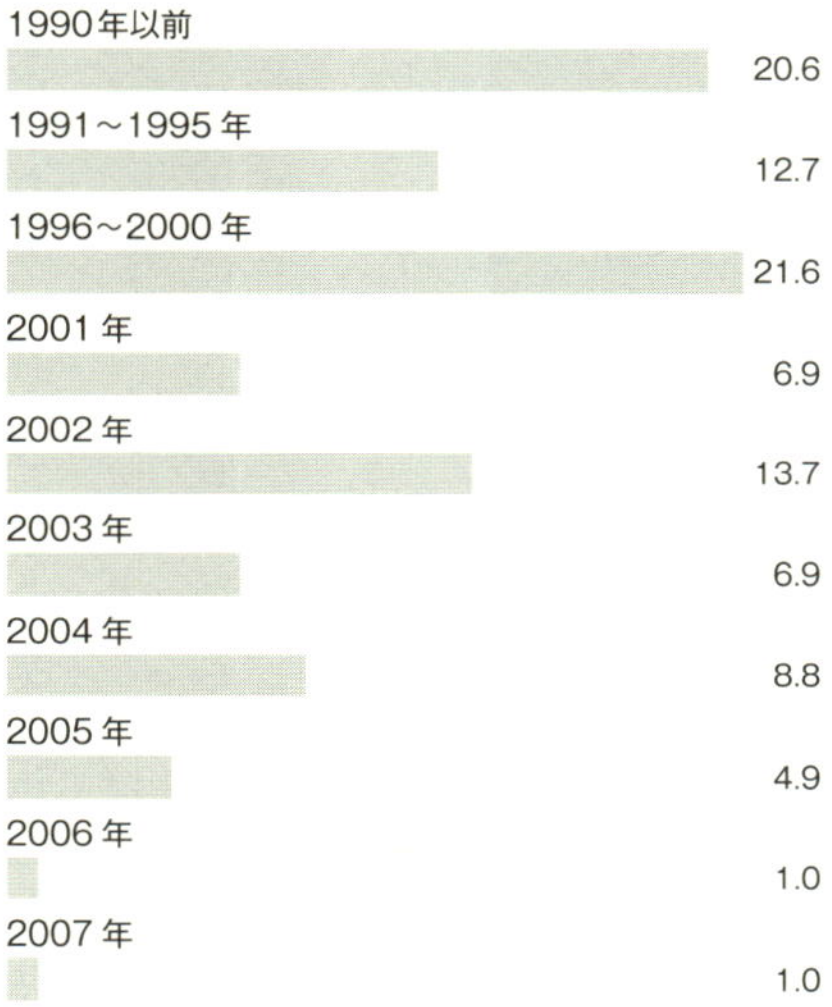

＊旅の販促研究所調査（2007年）

図表⑤ マスコット犬の有無　（n=102）

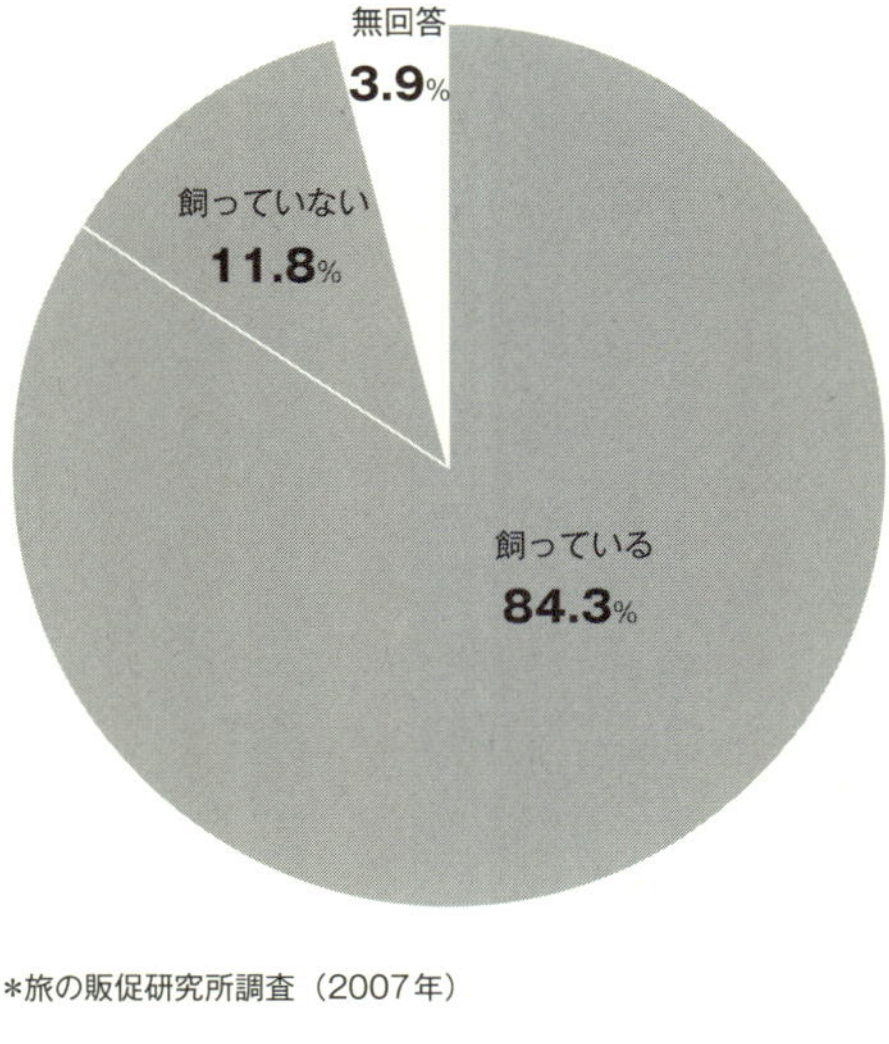

＊旅の販促研究所調査（2007年）

ミニチュア・ダックスフンドやポメラニアン、シー・ズーなどが続いている。中にはセント・バーナードやバーニーズ・マウンテン・ドッグなどの超大型犬もお客様をお迎えしている。まずは犬が好きでなくては始められないビジネスといえよう。

宿オーナーのコメント（施設形態）

「犬がもともと好き。ペンションでも飼育している。リピーターさんの要望に応えて」（ペンション）

「サラリーマン時代〝ペットと泊まれる宿〟などの本を参考に全国の施設を泊まってみて、あまりにも本の写真と違い、ワンちゃんのことを考えていない施設が多いので、ワンちゃんと人とがゆっくり楽しめる施設を作りたくて始めた。基本的な設計は自ら行い、ワンちゃんには99％ぐらい、人には90％ぐらいの出来と思っています」（ペンション）

「宿の主人（私）がペットと一緒に生活していることで、出かけるときはいつもペットホテルに預けていることの不甲斐なさ、ヨーロッパ方面に旅したとき、たまたま外国のホテルでペット連れの観光客を見てこれだ！　と気付き20年前に始めたのがきっかけ。日本もこれからこのような時代がくると思い、ペット関連の雑誌に広告を出したら、ペット連れの方が増えて、それまで一般客の方と一緒でしたが、全室ペット連れに変わってきた。テレビや雑誌、新聞の取材記事が出るようになった」（ペンション）

「自分もペットを連れて宿泊したかったが、当時は泊まれるところがほとんどなかったから」（ペンション）

「何となしに犬同伴のお客様が増えてきたので。ペット連れでないお客様に気を遣うので専用にした」（ペンション）

「ペンションを開業するために研修として住み込みで働かせてもらった所が、ペット受け入れをしていたので」（ペンション）

「ご常連のお客様がペットを飼われていたので、同伴をしたいと相談されたのがキッカケです。初めて泊まられたワンちゃんがとてもおりこうさんだったので、これなら受け入れていけるという自信につながりました。おりしも、ペットブームの始まりで、以来ペットを家族の一員にするたくさんのお客様に喜んでいただけるのを張り合いにやっております」（旅館）

「前オーナーがペット同伴可としていたので、そのまま受け継いだ」（ペンション）

「もともと、我が家の愛犬がうろうろとペンションを歩き回っていた」（ペンション）

「スキー場隣りの宿なので。シーズンがあるため、オフシーズンの集客のために始めました」（ペンション）

「昔からペットを飼っているが、出掛けるときに一緒に行動できず、困ることが多かった。飼い主にしてみれば、ペットは人間の幼児と同じである」（旅館）

「以前は一頭だけだった飼い犬が３頭に増え、犬嫌いなお客様が見えたら不快だろうと思ったため。もともと、家族全員が病的に犬好きだったため」（オーベルジュ）

「当方でもペットを飼っていることと、ペット客も受け入れていかないと入客数が増えないと考えたから」（コンドミニアム）

「最初は盲導犬、聴導犬の受け入れがキッカケでした」（ペンション）

3 宿泊客とペットの動向

やっぱり家族旅行の位置付け

前述したが、宿泊客の宿泊料金の平均は平日で約9900円、休前日で約1万8800円、ペットの料金を加えると大体ひとり1万～1万2000円程度の宿泊料金となる。9割がペット同伴で宿泊する。

宿泊客の居住地は、やはり首都圏が多く、次いでペットを飼っている比率の高い愛知県、関西圏が高くなっている。図表⑥のように同一都道府県からは18％で、周辺都道府県からは48％、それ以外の都道府県は34％。県外からがほとんどで、特に周辺都道府県からが半数を占めている。

同行者は、図表⑦のように夫婦が39％、ファミリーが35％と圧倒的に家族が多く、次いでペット仲間や友人が続いている。気兼ねのないペットを含めた家族旅行とい

図表⑥ 宿泊客の居住地 (n=102) (%)

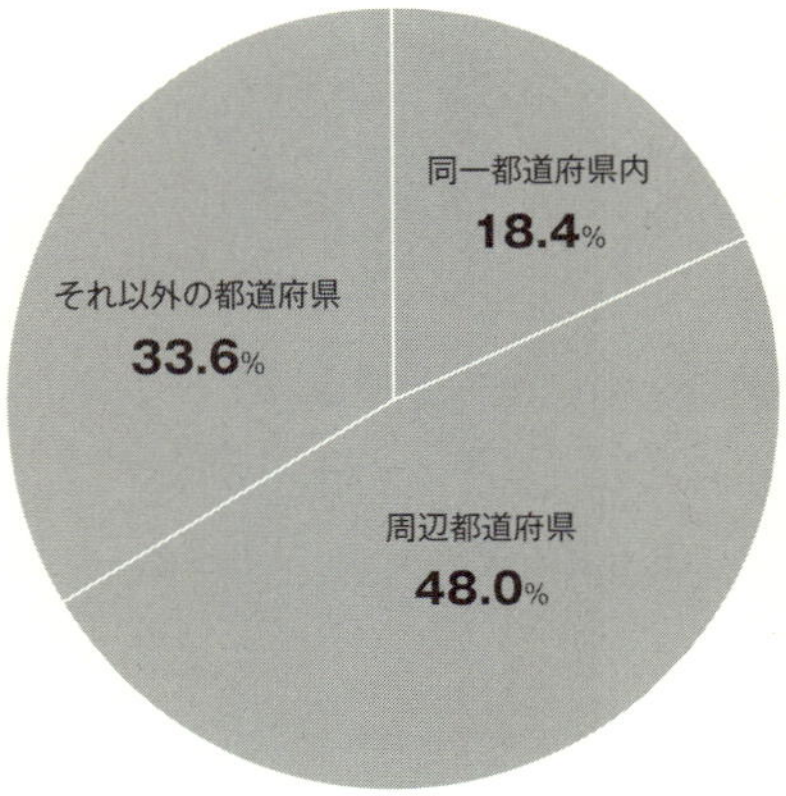

＊旅の販促研究所調査（2007年）

ペット同伴ホテルの屋上施設

う位置付けといえる。ペット同伴はごく普通の家族旅行と認識されているようだ。

宿泊日数は図表⑧のように1泊が73%、2泊が23%で、3泊以上は5%だった。1泊が圧倒的に多く、現時点では滞在型の旅行にはなっていないといえる。連泊はスキー目的の宿泊客が多いようだ。

受け入れの多い犬種は、ミニチュア・ダックスフンドが最近は特に多い。次にチワワ、トイ・プードル、ゴールデン・レトリーバー、ラブラドール・レトリーバー、シー・ズー、ダックスフンド、日本犬の柴犬と続く。以前に比べ小型犬の比率が伸びているそうだ。

電話・FAXによる直接予約が多い

宿泊施設への予約方法は、図表⑨のように、電話やFAXによる申し込みが67%と多く、最近の一般の国内旅行で多いインターネットによる予約は29%にとどまっている。本調査の手配方法と差があるが、本調査はインターネット調査で、インターネット環境にあるペットオーナーを対象としているからだと思われる。

図表⑦ 同行者　(n=102)（%）

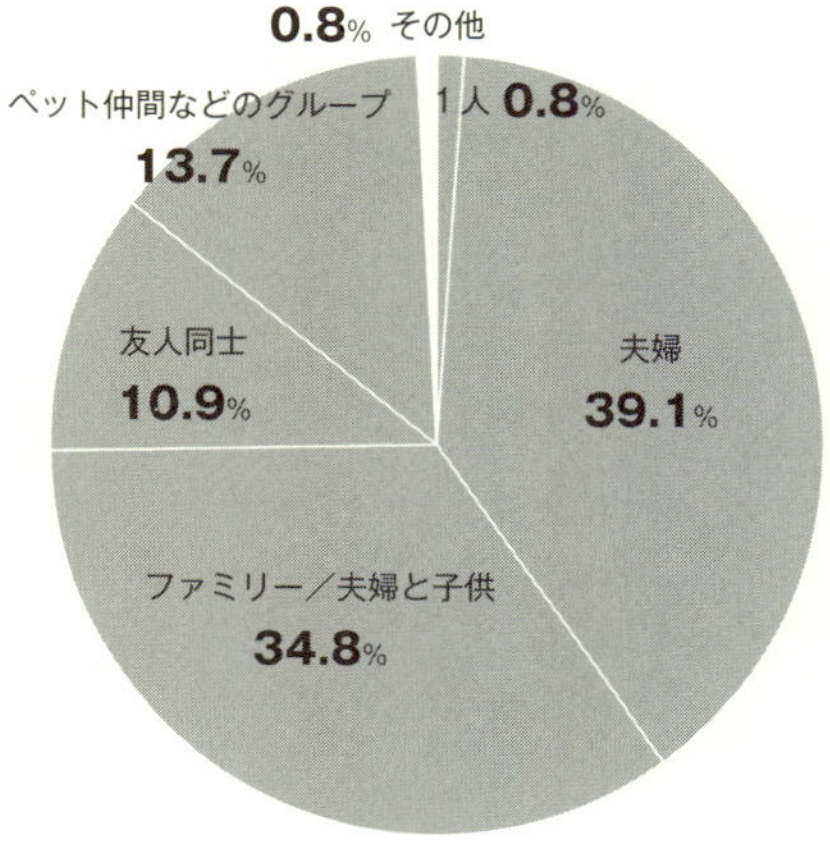

＊旅の販促研究所調査（2007年）

図表⑧ 宿泊日数　(n=102)（%）

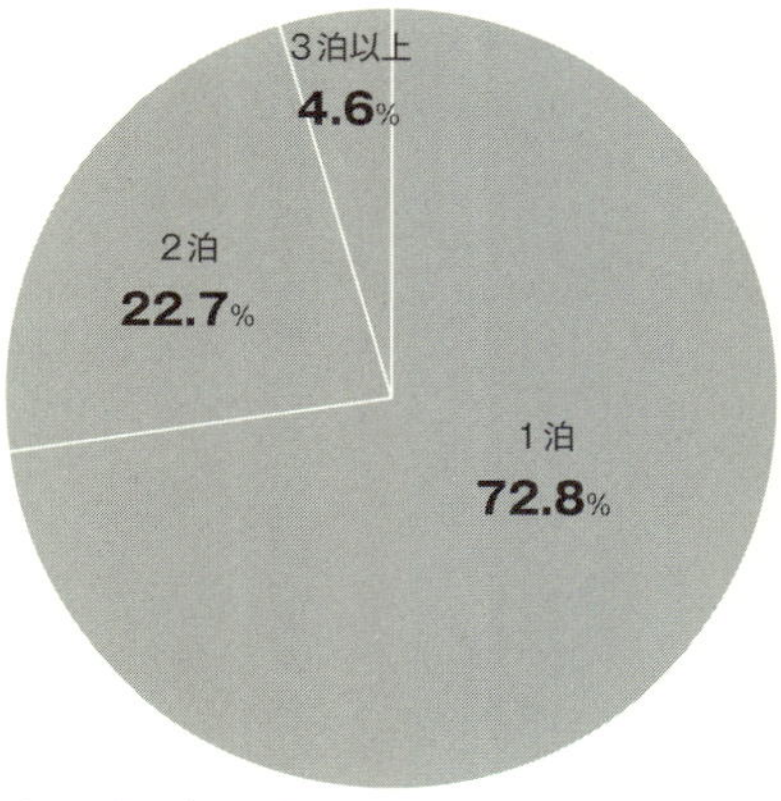

＊旅の販促研究所調査（2007年）

電話やＦＡＸが多いのは、幼児連れの家族旅行でも多い傾向だが、条件などをいろいろ直接聞いてみたいため、どうしても会話によるコミュニケーションが必要になっているからと考えられる。マイカー利用で、宿泊施設がペンション中心のため、旅行会社を通しての予約・申し込みは４％と少なかった。

順調に増えつつあるペット同伴旅行

２年前と比較してペット同伴の宿泊客の変化を聞いて見た。その結果は、図表⑩を見ていただきたい。増えているは22％、やや増えているが29％で、半数以上が増えていると答えている。逆に、減っているは４％、やや減っているは９％で、全体としては順調に増えているといえそうだ。

この２年間の変化では、初めてのペット同伴者が増えている、逆にリピーターが増えているという両方のコメントがあった。中高年が増えた、小型犬が増えた、マナーが悪くなった、高額なプランを希望する客が増えた、などもあがった。逆に減っている理由は、周辺に同じよ

図表⑨ 宿泊施設への予約方法 (n=102)（%）

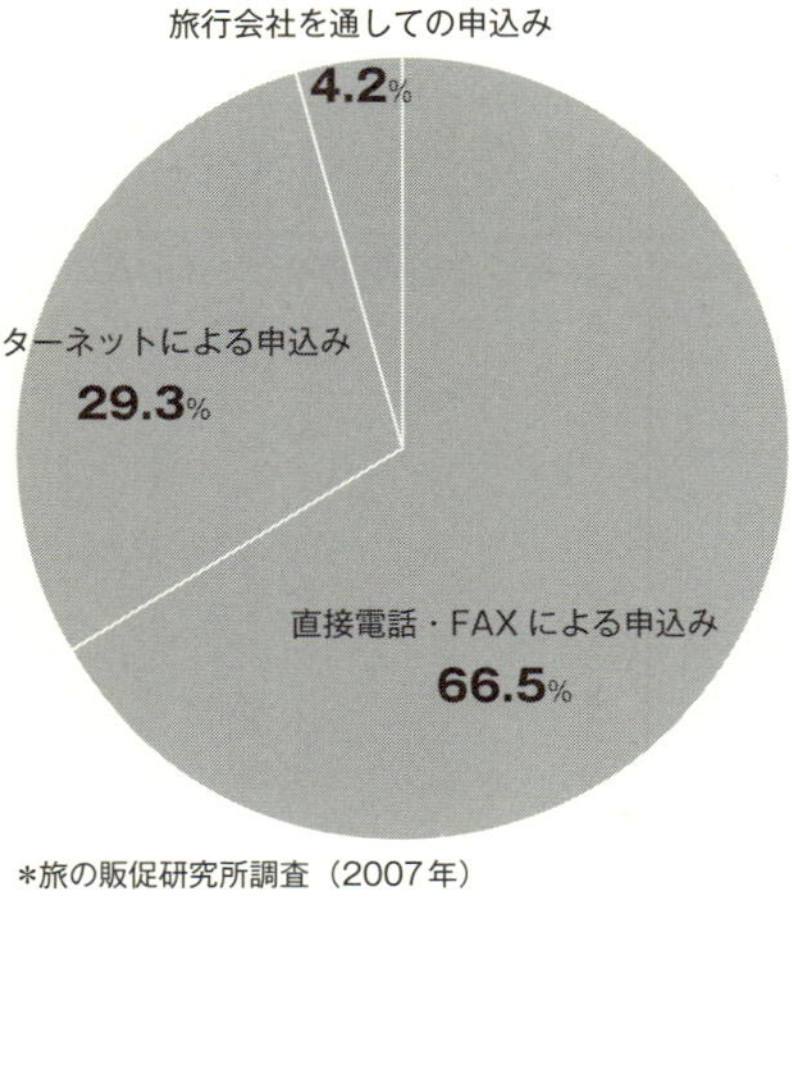

＊旅の販促研究所調査（2007年）

図表⑩ ペット同伴の変化 (n=102)（%）

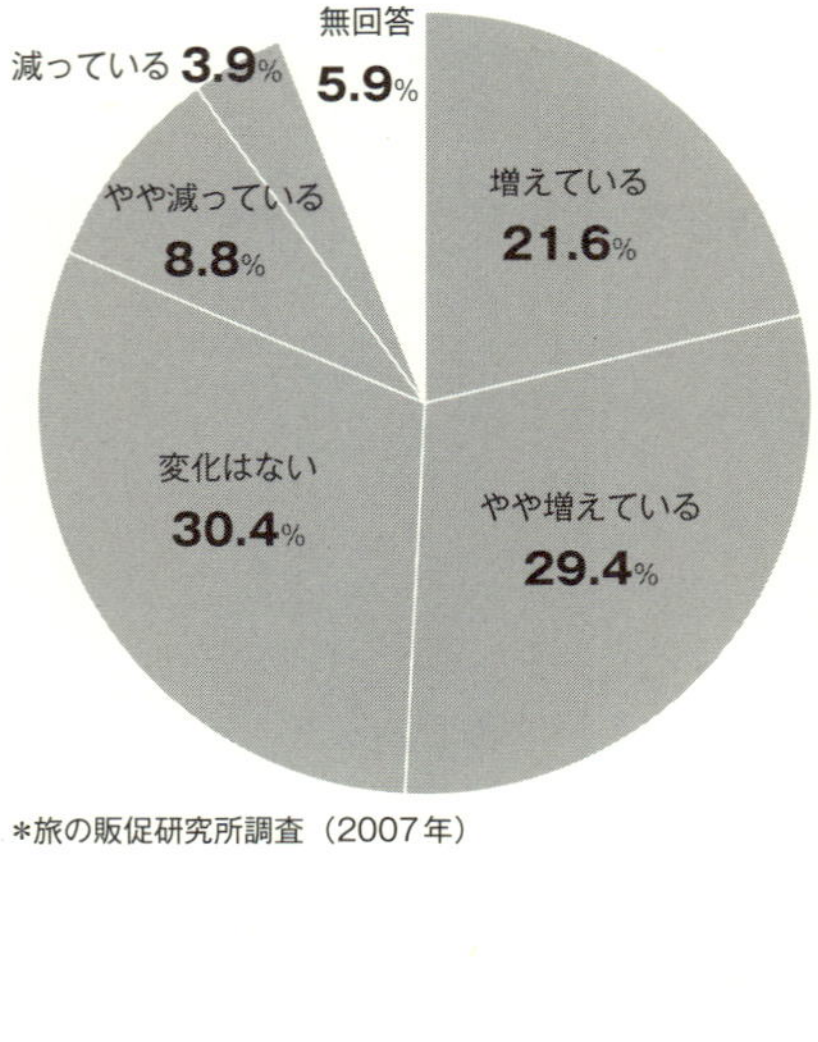

＊旅の販促研究所調査（2007年）

うな施設が増えたためが圧倒的に多かった。

宿オーナーのコメント

「中高年夫婦とペットの組み合わせが増えてきた」（ペンション）

「中高年の平日に来られるお客様が増えました」（ペンション）

「家族や高年齢のお客様が増えてきた」（ペンション）

「オープン当初は大型犬が多かったが、現在は小型犬のほうが多い」（ペンション）

「初めて犬を飼いだした方、またはすごい老犬を連れてくる方が目立つ。レスキュー犬（保健所などからひきあげた犬）が今年になって少しずつ出てきた」（ペンション）

「以前は、ペット連れの宿泊客の年齢層が40代〜60代。（子供が成長し手がかからなくなったのでペットを飼い始めた）最近は若い人20代〜30代が増えた」（ペンション）

「ドッグランや犬専用の施設があるのか、予約時に聞いてくることが多くなった。バス・トイレ付きの部屋を希望されることも多い」（ペンション）

「若い年代のお客様が多くなった」（ペンション）

「利用客の増加に伴い、マナーの低下傾向が若干見られます。愛犬と一緒に旅行がしたいのではなく、自分達が旅行に行きたいので一緒に連れて行くという方も増えてきているようです」（ペンション）

「3〜4年前から同業が増え、現在は50軒ほどある。予約率が20％ほど減少。分散してしまっている」（ペンション）

4 宿泊客の要望

人気のドッグラン、犬と一緒の貸切風呂も

ペット同伴の宿の増加による競合激化と、ペット同伴宿泊客の要求の多様化により、宿側では宿泊者の要望を満足させる様々な取組みや施設の工夫が始まっている。

ペットのために用意している施設では、図表⑪のように足洗い場は8割が用意しており、人気のドッグランも5割以上が設置している。そのほかにドッグテラスが約2割。ペットのお風呂は1割にとどまっているが、シャワールームは2割程度が完備している。そのほかに、温水プールやトリミング室を備えている施設もあった。

ドッグランやペットの入れる風呂の有無、ペ

図表⑪ ペットのための専用施設

（n=102）（%）

ドッグラン	52.0
足洗い場	80.4
お風呂	9.8
露天風呂	6.9
シャワールーム	23.5
ドッグガーデン	13.7
ドッグテラス	22.5
その他	10.8

＊旅の販促研究所調査（2007年）

ペット同伴ホテルのドッグラン

ット同伴ＯＫの周辺観光情報などを、予約や問い合わせの時点で詳しく聞いてくる宿泊客が増えているという。

特別なサービスも多種多彩

宿では様々なサービスが用意されている。宿泊客も自分が満足するより、愛犬が満足する方を選ぶ傾向が強いのでサービスもペット中心に考案されている。

多くの宿泊施設で併設しているのがドッグランで、３０００坪のドッグランを最高に、５００坪・２００坪・50坪と大きさの異なるドッグランを設けていたり、ドッグラン内にディナースペースを作っているペンションもある。

館内では床も工夫されていて、小型犬が滑らないような特殊ワックスが塗ってあったりする。老犬が多くなった今、温泉プールも人気だ。ワンちゃん専用露天風呂や1日1組限定でペットオーナーと愛犬が一緒に入れる内湯を持つところもある。夏場はドッグランの中に専用プールを設置する宿もある。

また、期間限定で「ワンにゃんデー」として、ペットは全て無料にするペンションもある。多くの宿泊施設が一番気を遣っているのはクリーン＆クリアーで清潔さのようだ。館内のカーペットは全て洗えるものにするなど、ペットの臭い対策に力を入れているところが多い。

宿オーナーのコメント

「大浴場以外の全てのエリアに愛犬同伴可能。愛犬同伴が宿泊の条件となりますので、動物が

苦手な方がいるという心配がありません」（ホテル）

「毎年1月11日～2月22日の期間は、ワン・ニャンマンス期間と称してペットは全て無料となります」（ホテル）

「今はワンちゃんも温泉に入る時代、人間も旅行したいと思うのは温泉です。ペットと人と一緒に入れる温泉なんて最高。一度来て体験した方は二度三度と来ます。老犬が多くなった今、温泉プールは魅力です」（ペンション）

「ドッグラン内にディナースペースを設けております。ディナー後にはドッグラン内でワンちゃん同士が仲良く遊ばれます。ワンちゃんもお一人のお客様として接待させていただきます」（ペンション）

「ペット用備品の充実。（エサ入れ、ドッグフード、足拭きタオル、ウエットティッシュ、エチケット品など無料）特に大型犬専用の出入口（24時間出入自由）、ペット用お風呂(シャワー)」（ペンション）

「宿泊者のワンちゃんの生活、ヘルスケア等へのアドバイス。私たちドッグトレーナーが多方面にわたり、アドバイス、トレーニングもいたします。飼い主さんの意識改革のサポートをしています」（ペンション）

ペット同伴ホテルの足洗い場

「ご予約時、必ずペットの大きさを聞いている。なるべく犬がくつろげるよう広い客室を提供。食堂には必ずペットを連れてきてもらい、お客様同士の会話がはずみ、和気あいあいの雰囲気になるよう心がけている。ペットがリラックスできるよう我が家と同じようなルールにしてもらう」（ペンションン）

「館内のカーペットは全てはがして洗える物を使用。もしかのおもらしにもきれいに対応。３００坪のナイター付きドッグランと、ワンちゃん専用露天風呂があり、食事はペットと個室で召し上がれます」（旅館）

「犬が吠えたり、夜中に出入りしても他のお客様に気兼ねのいらないコテージ宿泊。我が子の鳴き声が気になりません。２００坪のドッグランは専用で使えるので、どんなワンちゃんでも安心して遊べます」（コテージ）

「まだ未完成ですが、ペット専用のパーティー会場を作っております」（コテージ）

ペット同伴ホテルの犬専用プール

5 ペットに関連したトラブル

利用客の増加に伴い、マナーが低下

リピーターが増え、ペットに関する情報も増えている中、ここ数年ペットのマナーがよくなってきた、という宿のオーナーも多いが、逆に、利用者の増加に伴いマナーの低下傾向が顕在化してきている、という宿オーナーも多くいる。愛犬と一緒に旅行がしたいのではなく、自分たちが旅行に行きたいので一緒に連れて行くという人が増えてきているという。その結果、しつけをしっかりしていないペットを連れてくる客が多くなり、トラブルや問題が起こっている。

トラブルで特に多いのが、トイレの問題だった。「ベッドに一緒に入って、おしっこをされてしまう」や「おしっこやウンチの片付けをしない」などだ。また、「ノーリードで放置」、「無駄吠え」、「去勢していないペット

図表⑫ 外出時のペットの預かり (n=102)

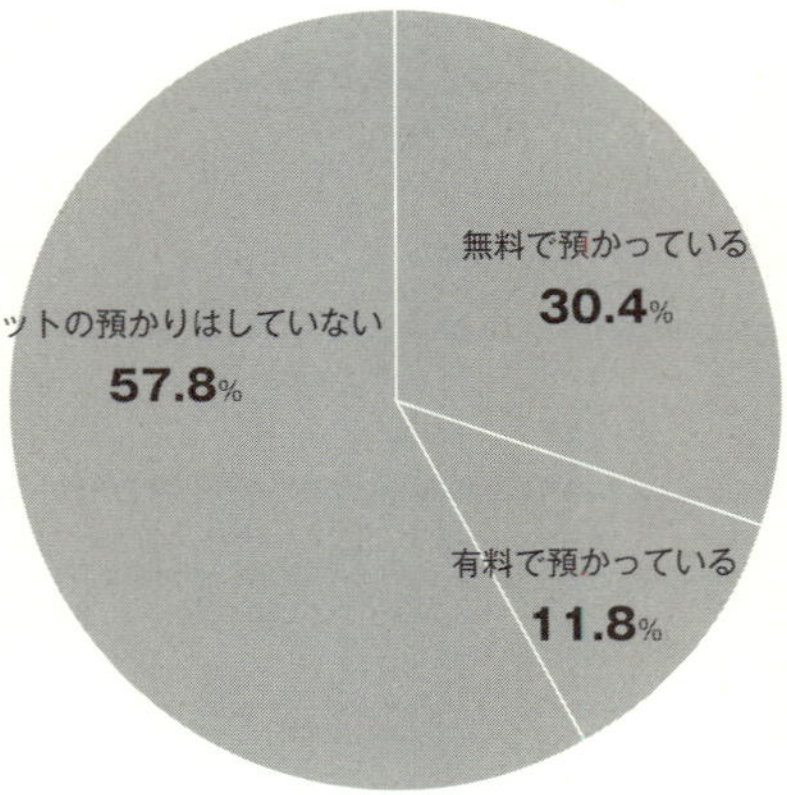

*旅の販促研究所調査(2007年)

海辺の散歩

をドッグランに入れる」、「ワクチン接種をしていない」など以前ではめったになかったことが、ペット同伴旅行の一般化に伴って起こってきている。毛布を噛み切ったりしても、宿側としてはある程度しかたのないことと考えているが、「すいません」の一言もなく黙って帰る人がいることに驚くそうだ。

せっかくドッグランなどがあるのに、一日中ペットを部屋の中に入れたままで過ごす人やペットを置いてスキーに出かけて一日中鳴きっぱなしだったこともあるという。

ペット同伴宿での滞在中、ペットを預かっているのかどうかを聞いてみた。前述のスキーに出かける場合や周辺のペット入場不可の観光施設に行くような場合に便利なサービスだ。その結果は、図表⑫の通りで、無料で預かるが30％、有料で預かるが12％、預かりはしていないが58％となっている。せっかくのペットとの旅行、責任をもって一緒に行動することが望ましいようだ。

もちろん、開業以来、１件のトラブルもない、と胸を張る宿オーナーも数軒あった。また、犬のしつけより人間のしつけの問題、とペットオーナーへ注文をつける宿オーナーもいた。

宿オーナーのコメント

「オシッコ・ウンチの片付けをしない、ノーリードで放置、飼い主が制御できない無駄吠え」（ホテル）

「部屋を汚したり、傷つけたりすること。少々のことは動物を受け入れている以上、仕方がないことだと思っていますが」（ホテル）

「宿側のサービスが過剰になることでダメな飼い主を作ってはいけないと思います。何の用意

もせずに泊まれたりすると、ペットを飼う意味がなくなる」(ペンション)
「犬種・性別により他犬と仲良くできなくなっているワンコが多く、時間をかければどの子も良い子になれるのに犬の気持ちを理解していない飼い主が多い。過保護犬」(ペンション)
「ペットに対しての知識が近年の方は低く、特に小型犬、犬同士のコミュニケーションがとれないために、部屋に閉じ込めたままの方が多くなってきました」(ペンション)
「トイレのしつけやそのほかのことで犬をちゃんとスクールに預けたからと、たかをくくり過ぎの方がいる。〝ベッドにはあげないで下さい〟としていても目を離した隙なのか、毛がやけについていたり、爪でひっかいた跡があったり、まれに一緒に寝ている人がいて、シーツが汚れていたりしたことがある」(ペンション)
「ペットは客室のみOKにしているが、食堂に堂々と連れてくるお客様がいらっしゃる。外から来て足を拭かないで入れる人もいる」(ペンション)
「まだまだ特に雄犬が去勢しているワンちゃんが少ない。去勢していないワンちゃんはドッグランでの喧嘩、室内でマーキングをするので断っています。ペットとして飼うのであれば避妊・去勢は必要だと思います」(ペンション)
「ノーリードによる犬同士のケンカ」(ペンション)
「超大型犬の飼い主さんは、抜け毛、よだれ、臭いを気にしない人が多いので、お断りしています」(ペンション)
「大型犬をコントロールできない飼い主がいる」(ペンション)
「スキーのときにペットだけを部屋に残したまま、お昼も帰って来ず、ペットが一日中鳴き通

しだった事がありました」（ペンション）

「我が子同様可愛がっているペットでしたら必要なものは持って来るべきです。あれもこれもと要求するのはどうかなと思う」（ペンション）

「当館では室内で飼われているペットであれば宿泊できますが、室外でお飼いのペットは宿泊できません。室内犬、室外犬との区別はしっかりさせていただいております」（旅館）

「犬の室内排泄は不可（トイレシート不可）としているが、近年、都会でのしつけは戸外で排泄しないようなタイプが主流になりつつあるらしく、当宿のきまりを理解してもらうのに手間取ること」（旅館）

「マナーの低いお客様１組が、食事時に他のお客様の雰囲気を台無しにしてしまうこと」（ペンション）

「たまに、ペットを残して外出して、ペットがいたずらをして弁償問題が起こること」（旅館）

公園のドッグトイレ

Column❻

犬旅天国、超人気エリア伊豆高原

愛犬家大満足の犬旅専用リゾートホテル

犬旅の人気エリアである伊豆高原。その人気の中心となっている施設が2004年11月にオープンした愛犬家のためのリゾートホテル「伊豆高原わんわんパラダイスホテル」だ。フロントでは犬好きのスタッフが愛犬とペットオーナーを笑顔で迎えてくれる。

館内の壁には愛らしい犬たちのイラストが描かれ、歩いているだけで心が和んでくる。相模湾から伊豆大島を望む施設屋上のドッグガーデン、屋外のドッグランでは、ペットオーナーたちの周りを愛犬たちが楽しそうに走り回っている。365日利用できる温水プールではペットオーナーが投げこんだボールを愛犬が泳いでキャッチし得意げな顔で戻ってくる。人間用の温泉大浴場とは別に、同じ浴室で愛犬と入浴もできる貸切風呂もある。

そのほか、愛犬サロンやトリミングルーム、写真撮影のスタジオ等、館内だけでも愛犬と一緒にゆっくり楽しむことができる。

もちろんレストランも愛犬と一緒だ。ペット可のペンションやレストランでは洋食が中心となることが多いが、ホテルのディナーは和食で伊豆の旬の食材を使った会席料理が楽しめる。取材に伺ったのは12月最初の週末であったが、レストランは夫婦やファミリーで一杯だった。皆愛犬も交えての夕食を和やかに楽しんでいた。もちろん、ペット専用の食事も用意されている。客層は半数以上がリピーターで年3～4回の利用者も多いという。首都圏からの客が中心であるが、関西からのリピーターもいるようである。

天野勝彦支配人によると、ペット対応の宿泊施設の難しさは、「施設やサービスの〝スタンダード〟がない」ことだという。多様化するペットオーナーの意識やニーズに対応しながら特徴ある人気ホテルに育ててきたようだ。「まだ、充実していきたい施設やサービスはたくさんある」と語っていた。「これからペットと一緒に旅行をしたいと考えている人たちを中心に旅行会社を利用する人が増えるのではないか」とも予測している。取材当日も中型バスで旅行会社企画の犬連れツアー客が訪れていた。最近は台湾のペット連れの旅行者も訪れてくるという。

伊豆高原わんわんパラダイスホテル天野支配人

エリアぐるみで犬旅歓迎

伊豆高原では10年以上前から一部のペンションでペットの受け入れが始められたが、最近の5～6年でペットを受け入れる宿泊施設や、レストラン、カフェなどが急増し、現在では宿泊施設だけでも30軒以上あるという。現在はこれらの施設のほか、美術館や博物館、公園など愛犬を連れて楽しめる周辺施設も相乗的に増え、「伊豆わんこタウン」という会をつくりエリア全体の振興を図っているとのことである。

車での犬旅が圧倒的のようだが、伊豆急行伊豆高原駅も特急列車の到着のたびに犬連れの客が降りてくる。待合室もペットＯＫのようだ。タクシーも犬連れ歓迎で目的地まで案内している。まさに犬旅天国といえよう。

第8章

海外犬旅の実態と意向

1 海外犬旅の経験の実態

海外犬旅の可能性を探る

この章では、「海外犬旅」の「実態」と「意向」を明らかにするために、今回の調査で得られた結果を解説していく。調査期間、調査方法、有効回答数などは国内犬旅と同様である。（第5章参照）ちなみに「実態」とは、文字通り〝経験した旅行についてのありのまま〟を数値化したもので、最近3年間のペットを連れての海外旅行経験をベースにしている。主な調査項目としては、「経験度」、「旅行回数」、「同行ペット数」、「旅行理由」、「旅行先」、「同行者」、「旅行の手配方法」、「1匹あたりの旅行費用」、「満足度」を確認している。

シドニーにて

また、「意向」では今後のペットを連れて行きたい海外旅行の「実施予定と旅行意向」、「旅行理由」、「旅行先」、「想定される宿泊先」、「旅行の手配方法」を確認した。ただし、まだまだ海外犬旅は経験者が少なく、限られたサンプル数となった。

「経験者」は全体の0・8%、まだまだ少ない海外犬旅

まず、図表①を見ていただきたい。最近3年以内に海外旅行に行ったことのあるペットオーナー2642人のうち、最近3年間に海外にペットを連れて旅行に行ったペットオーナーは21人で「経験率」は0・8%となった。また、最近3年間にペットを連れて旅行に行った人1314人の中でも1・6%にとどまった。男女比では男性が14人、女性が7人となっている。18〜20代の男性が6人、30代の男性が6人と比較的若い男性が多い。女性は

図表① 最近3年間のペットを連れての海外犬旅旅行
（最近3年間の海外犬旅経験者　n=21）（件）

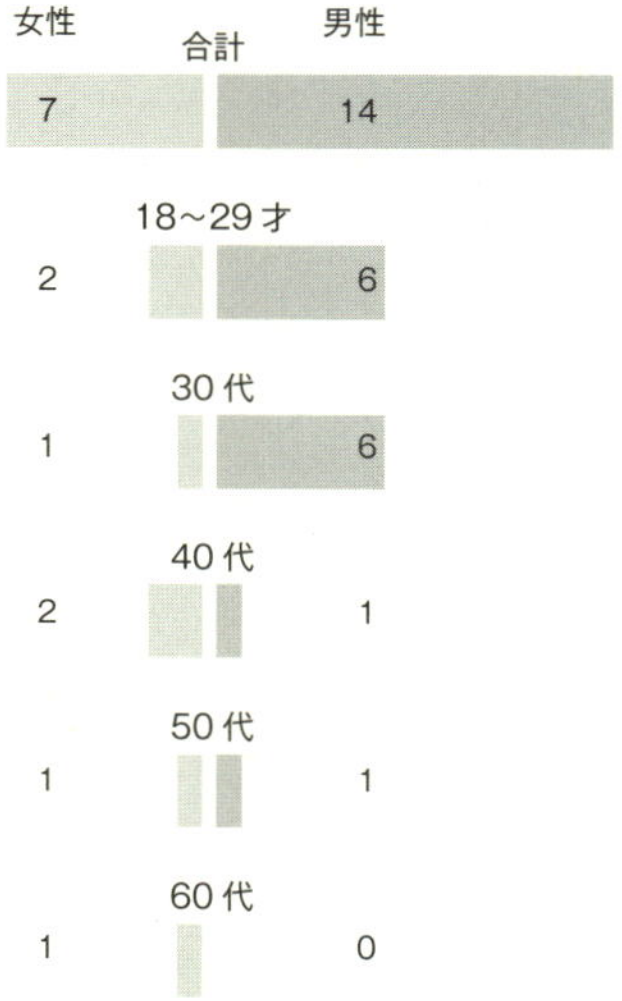

＊旅の販促研究所調査（2007年）

図表② 海外犬旅の同伴した目的・理由
（最近3年間の海外犬旅件数ベース　n=31）（%）

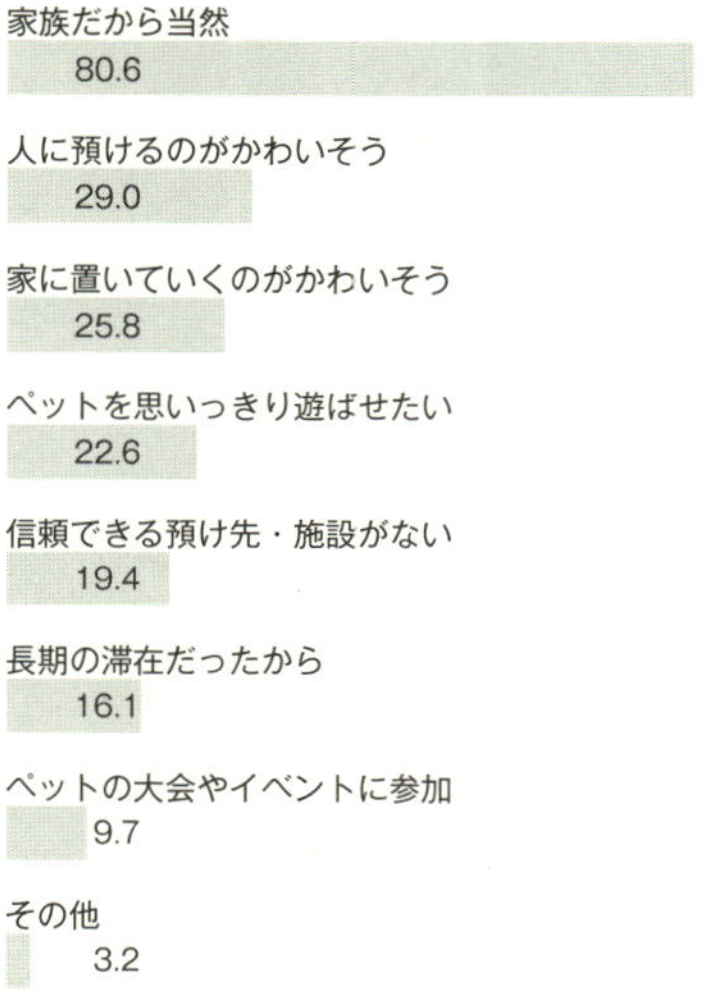

＊旅の販促研究所調査（2007年）

シドニーのドッグパーク

各年代にあまり偏りは見られない。

旅行回数は、1回が14人、2回が4人、3回が3人となっており、3回は全て女性である。そのため件数にすると31件中、男性16件・女性15件となり男女差はなくなる。

連れて行った匹数は、1匹が27件、2匹が4件、3匹以上は0件で平均1・1匹となった。まだまだペットにとって海外旅行は遠い存在といえる。

旅行理由は「家族だから当然」が8割

図表②のように、旅行理由は「家族だから当然」が80・6%を占めた。また、「人に預けるのがかわいそう」が29・0%、「家に置いていくのがかわいそう」が25・8%、「信頼できる預け先・施設がない」が19・4%と多くなっている。

国内で3割と多かった「ペットを思いっきり遊ばせたい」は22・6%と少なくなっていたのに対して、「ペットの大会やイベントに参加」は9・7%

と国内よりも多くなっている。海外に複数回行っている人は、大会目的も多いようだ。「長期の滞在だったから」も16・1％となった。

調査対象者のコメント（旅行先・ペット種別・ペットオーナー性別年齢）

「スペインとスイスで競技会に参加するために行った」（欧州・小型犬・女性46歳）

「イギリス、フランス、ドイツ、イタリア、スペインとヨーロッパの名所を巡るため」（欧州・中型犬・女性22歳）

「アメリカ駐在中に飼い始め、帰国のため日本に連れて帰った」（アメリカ・大型犬・女性47歳）

「韓国に2泊3日で観光目的」（韓国・小型犬・男性32歳）

「ハワイに休養のために行った」（ハワイ・中型犬・女性22歳）

「成田での検疫開始が8時で、午前出発便だった私たちと同じ飛行機には、犬は乗れなかった。専門業者に他の会社の便で犬は運んでもらった」（イギリス・大型犬・女性47歳）

「ペットが時差ボケしていた」（アメリカ・小型犬・男性27歳）

「海外と分かるのか、環境がかわって妙にはしゃいでいたような感じだった」（韓国・小型犬・男性32歳）

「ペットとともにビートルズの足跡をたどった」（イギリス・小型犬・男性45歳）

「リフレッシュのためのオーストリア旅行」（オーストリア・小型犬・男性31歳）

2 海外犬旅の様々な実態

人気デスティネーションは「ヨーロッパ」

実際のデスティネーションは、イギリスが7件、フランスが6件、アメリカが5件、ドイツ・スペイン・韓国が4件、ハワイが3件、イタリアが2件で、そのほかのヨーロッパも入れると欧州が計27件と多くなった。一般の海外旅行先として多いアジアの比率が非常に少ないのが特徴といえる。(図表③)

イギリス・フランス・ドイツは多くの犬の原産地であり、競技会も多い。一度生まれ故郷に連れて行ってあげたいと思う人もいるのではないだろうか。また、犬と共生する社会インフラも整っており、人々が当たり前のようにペットを連れて旅行する社会である。

旅行に関する情報も多く、インターネットを通して検疫などの情報を提供している。まさに、受け入れ先進国といえるだろう。

同行者は「家族・親族」「夫婦」が大半

図表④にあるように、一緒に行った同行者を見てみると、「家族・親族」が13件で41・9%、「夫婦」が8件で25・8%と全体の3分の2を占めている。ちなみに、一般的な海外旅行では「夫婦」

と「家族・親族」を合わせると45・6%である。（ツーリズム・マーケティング研究所　JTB REPORT 2007より）一般海外旅行より近親者と行くケースが多いといえる。続いて「友人・知人」が5件、「ペット仲間などのグループ」が3件、「一人」が2件となっている。国内でも「家族・親族」が61・4%、「夫婦」が34・8%と同様の比率となっており、犬旅の同行者は国内外とも気兼ねがなく、多少迷惑がかかっても許される家族が主体となっていることが分かる。調査対象者のコメントを見ると、海外にいる親戚を訪ねたり、夫の短期滞在に同行したといったケースもある。

旅行形態はFIT中心、手配は旅行会社利用と自分自身が半々

図表⑤のように、航空券と宿泊を旅行会社または直接個人で手配するFIT（海外個人旅行）の64・5%に対してパッケージツアーは35・5%とFITが中心のようだ。ツアーでは、ペット同伴だとどうしても他

図表③ 海外犬旅のデスティネーション
（最近3年間の海外犬旅件数ベース　n=31）（%）

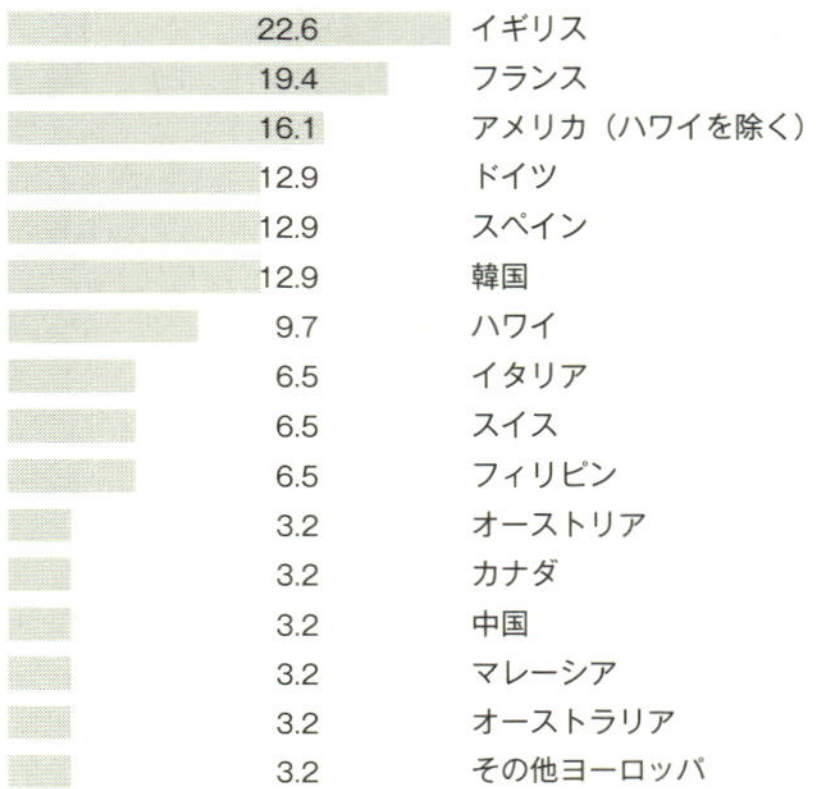

*旅の販促研究所調査（2007年）

図表④ 海外犬旅の同行者
（最近3年間の海外犬旅件数ベース　n=31）（%）

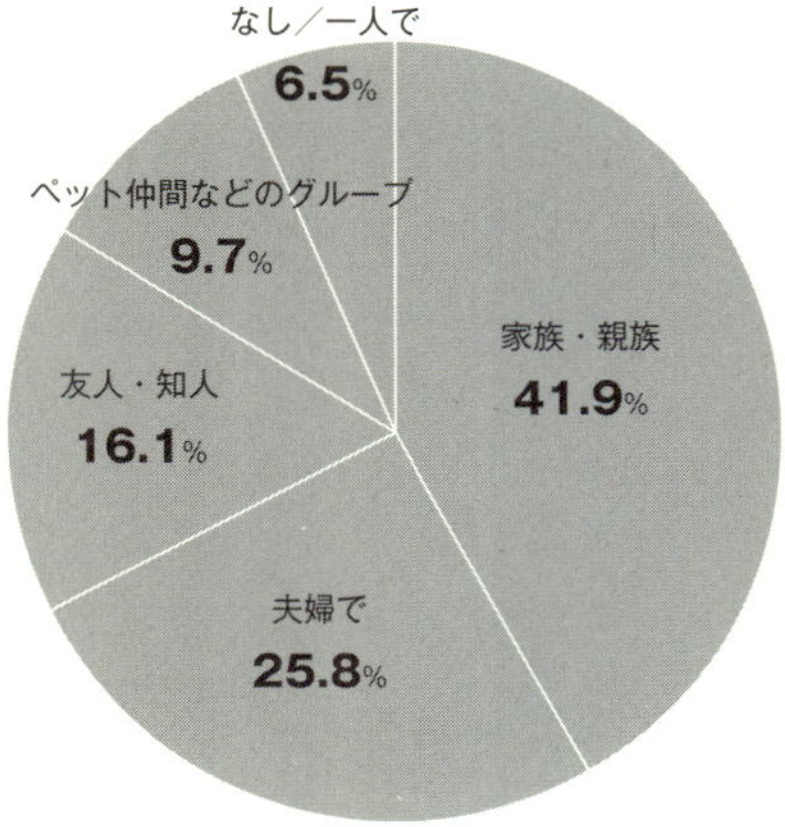

*旅の販促研究所調査（2007年）

の人の迷惑になる場合があるので、旅行会社も受け付けないケースがほとんどだが専用のツアーも徐々に企画されつつある。

また、旅行会社利用が48・4％、自分で航空券・宿泊を手配した人が51・6％とほぼ半数が旅行会社を利用していた。国内では5％しか旅行会社の利用がないことと比べると、海外犬旅の旅行会社依存度は非常に高い。情報のなさと手間の多さが依存度を上げている理由といえる。

ペットの旅行費用は約20万円

図表⑥にあるように、1匹あたりの旅行費用は、5万円未満が22・6％、5万円～10万円未満が12・9％、10万円～20万円未満が25・8％、20万円～30万円未満が9・7％、30万円以上が29・0％とばらける結果となった。平均金額は19・7万円。

人間の海外旅行費用が2005年で平均25・4万円なので、結構費用がかかっているといえる。競技会などの大会や長期の旅行期間で費用がかかるのだろう。

調査対象者のコメント

「イギリスでは半年前からマイクロチップ、血液検査、狂犬病の予防注射などの準備をすれば当日検疫所から出られるのでずいぶん改善されたと思う。動物愛護の強い国だけあって、そこで働く人たちも、動物に対して非常に優しい」（イギリス・大型犬・女性47歳）

「ハワイでゆっくりした」（ハワイ・小型犬・男性23歳）

「犬と一緒にドイツのアウトバーンを200キロ近い速度で走った」（ドイツ・小型犬・男性45

歳）
「アメリカ、カナダの東部を一周した」（北米・小型犬・女性64歳）
「オーストラリアに着いても一ヶ月の拘留期間が設けられていたので食事や待遇について不安があったが　拘留期間が終わり迎えに行ったときに何の問題もなかったのでホッとした」（オーストラリア・小型犬・女性52歳）
「夫のオーストラリア短期滞在に同行した。３ヶ月会社所有のアパートに滞在」（オーストラリア・小型犬・女性52歳）
「親戚を訪ねるためフィリピンに３週間くらい行った」（フィリピン・小型犬・女性30歳）
「マレーシアにロングステイのため」（マレーシア・猫・男性50歳）
「観光を楽しめてよかった」（韓国・小型犬・男性23歳）
「ヨーロッパの名所を巡った」（欧州・中型犬・女性22歳）

図表⑤ 海外犬旅の旅行形態と手配方法
（最近3年間の海外犬旅件数ベース　n=31）（%）

＊旅の販促研究所調査（2007年）

図表⑥ 海外犬旅の１匹あたりの旅行費用
（最近3年間の海外犬旅件数ベース　n=31）（%）

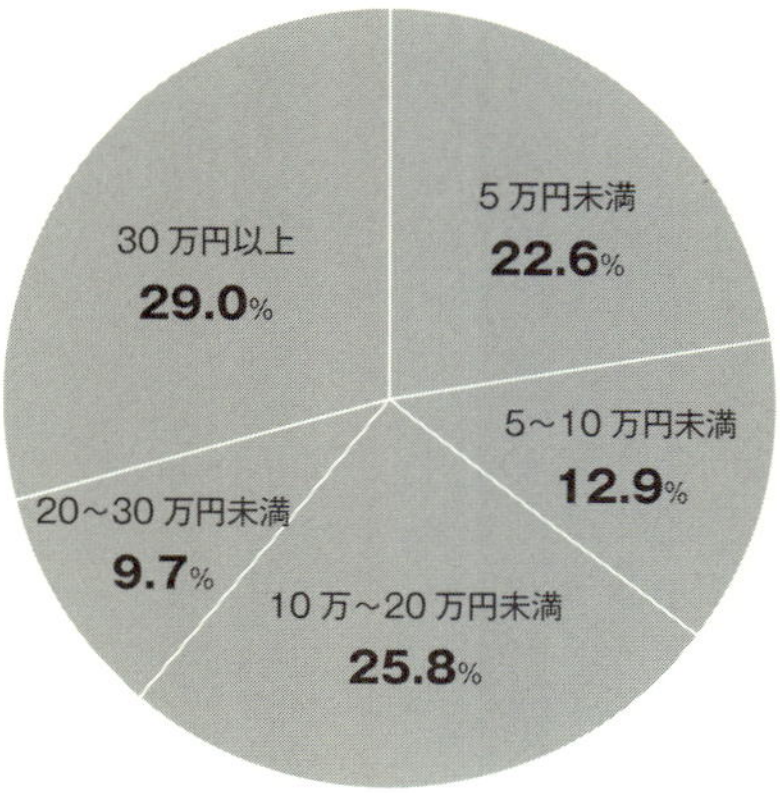

＊旅の販促研究所調査（2007年）

❸ 海外犬旅の満足度

海外犬旅は100%の満足度

今回の海外犬旅の調査で特に注目すべきなのが、この満足度の高さといえる。（図表⑦）

旅行の満足度を確認したところ、「満足した」が61・3%、「まあ満足した」が38・7%と合わせて100%となった。非常に高い満足度といえる。特に女性では「満足した」が73・3%にもなっている。

コメントでは、苦労したことも多く書かれているが、乗り越えた達成感のようなものが不満点を打ち消しているのだと考えられる。

犬旅では、専用ブログなど口コミ情報が発達していて、この満足度の高さは将来の海外犬旅にとって後押しになるに違いない。

公園内の犬用カフェ

苦労した部分は検疫の難しさ

ペットを連れた海外旅行の場合、国内での出国手続き、海外での入国手続き、海外での出国手続き、国内での入国手続きと４つの難関をクリアしなければならない。そして４つの手続きの準備を全て旅行出発前にすませることが必要である。

まず、出発の７日前に輸出検疫申請書を提出し、出発当日に動物検疫を受けなければならない。それを通過すると、英文の輸出検疫証明書を発行してくれる。

旅行先が狂犬病の発生のない国・地域の場合は、マイクロチップを装着して規定の書類にマイクロチップの番号を記載することで、係留期間がかなり短縮できる。これは、帰国の際も同様である。今回の調査では全体では３％しか装着していないが、海外犬旅経験者は半数がマイクロチップを装着していた。

図表⑦ 海外犬旅の満足度
（最近3年間の海外犬旅件数ベース　n=31）（%）

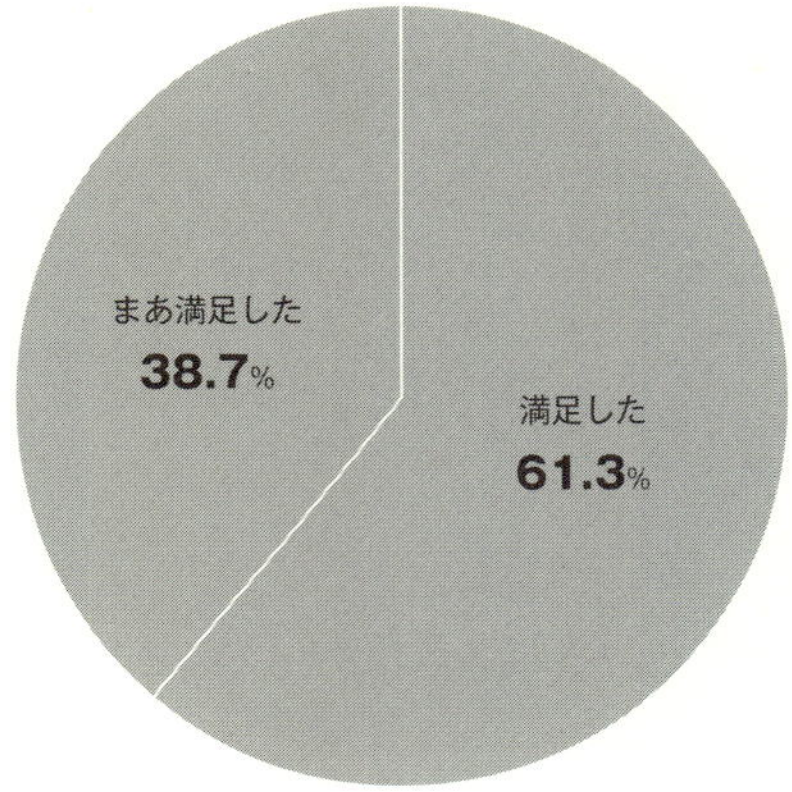

＊旅の販促研究所調査（2007年）

調査対象者のコメント（満足した点）

「海外の犬好きの人と友達になれた」（欧州・小型犬・男性45歳）
「ペットもドライブを楽しんでいた」（ドイツ・小型犬・男性45歳）
「海外はペットに優しいので」（欧州・小型犬・女性30歳）

「そばに置いておけて安心」（イギリス・大型犬・女性47歳）
「食べ物が美味しかった」（韓国・中型犬・女性22歳）
「大会で成績が残せたので」（スペイン・小型犬・女性46歳）
「海外でも一緒に行けたため」（オーストリア・小型犬・男性31歳）
「飛行機も特に問題なかった」（ドイツ・中型犬・男性28歳）
「いろんな見識を深められたから」（欧州・中型犬・女性22歳）
「観光もできたし、ペットとのんびりできた」（フランス・小型犬・男性30歳）
「サービスがよかった」（韓国・小型犬・男性32歳）

調査対象者のコメント（苦労したこと）

「検疫が大変だった」（欧州・小型犬・女性30歳）
「成田空港でトイレをさせる土の部分がない」（欧州・小型犬・女性52歳）
「ロサンゼルスの空港では、リードをつけて自由に歩けたのに、成田で再会したときに、ケージから出してあげようとしたら、係の人が飛んできて注意されてしまった。改めて国の違いを感じた。手続きに関しては、健康であれば、特に難しい問題はないが、成田検疫の2週間はかわいそう」（アメリカ・大型犬・女性47歳）
「オーストラリアの入国許可を得るための書面作成が全て英語だったのでとてもわずらわしかった」（オーストラリア・小型犬・女性52歳）
「日本から出るときは、検疫がスムーズに済んだが、帰りは、法律が変わったこともあって検疫の内容が厳しくなり、書類の不備もあって、帰国できないということがあった。そのため、現地の保健所、動物検疫を回る際、業者を通すなどの余分な費用がかかった。血液検査、マイクロチップの装着、狂犬病の予防注射、と帰国の際に動物病院にたびたび連れて行ったところが、非常に不愉快だったらしくどう猛になり、しまいには動物病院に入るや、爪をたてひっかき、噛み付き、現地の医師、検疫の係官、全てを怖がらせてしまった」（マレーシア・猫・男性50歳）

「直行便がなく乗り継ぎだったので、長時間出してあげられなくてかわいそうだった」（スペイン・小型犬・女性46歳）

「いろいろと検査があったこと」（韓国・小型犬・男性32歳）

「英語がいまいちだったので参りました」（アメリカ・小型犬・男性32歳）

公園でのおやつ

4 海外犬旅の今後の実施意向

2割が海外犬旅を意向

調査対象者全員に対して、今後のペットを連れての海外旅行意向を確認した。（図表⑧）その結果、「すでに具体的に予定を立てている」が1・9％、「具体的な予定はないが、ぜひ行きたい」が4・0％、「機会があれば行きたいと思う」が14・1％と計20・0％が意向を示した。特に30代の男性では44・2％と多く見られた。

逆に「行きたいと思わない」は80・1％を占め、特に女性の50代以上は9割が行きたくないとしている。年代が上がるごとに否定的になってきている。

否定理由のトップが、飛行機に関するもので、パニックになるかもしれないし、そこまでして一緒に行きたいとは思わない。ペットが可哀想という意見が

図表⑧ 海外犬旅の意向　（全体ベース）（%）

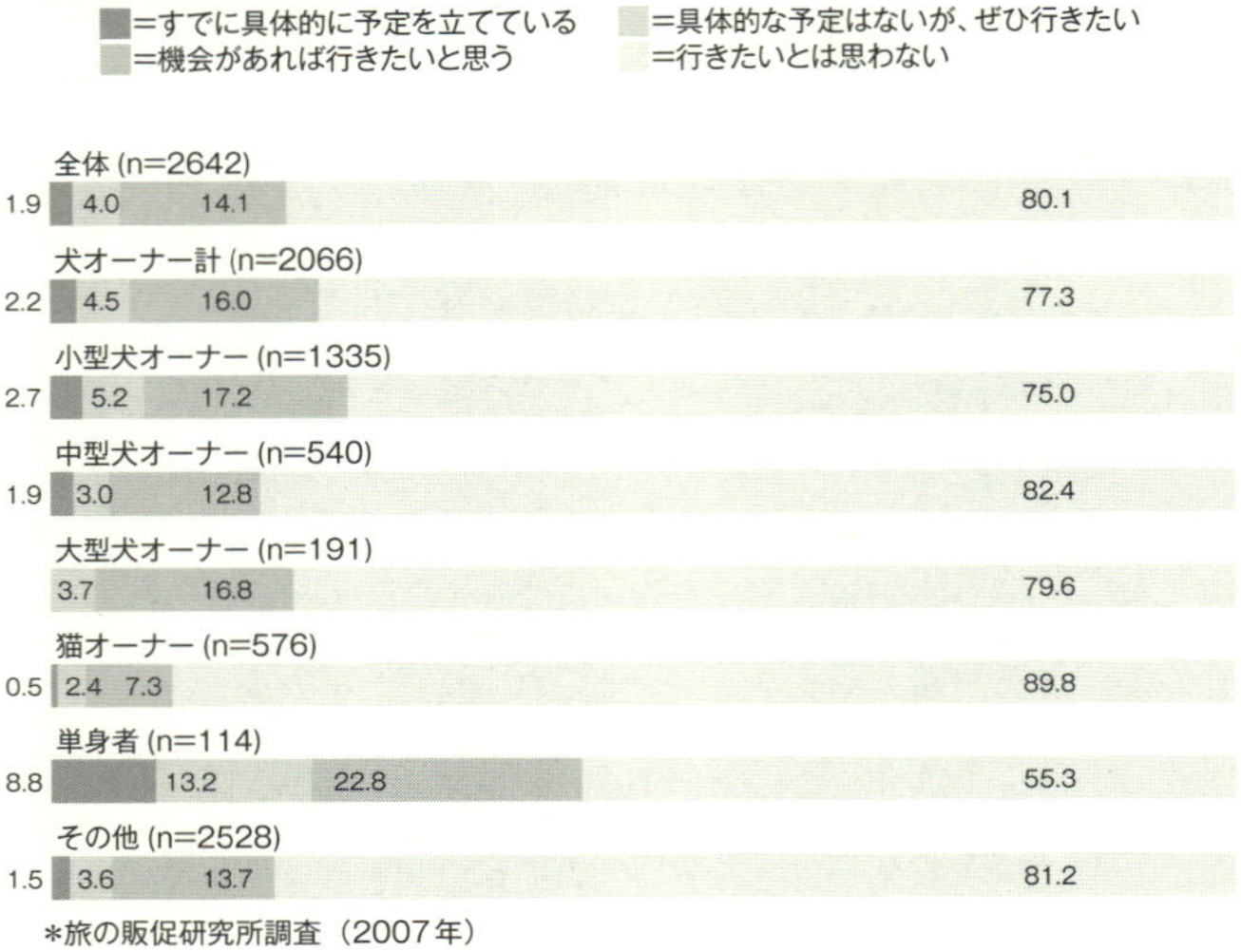

*旅の販促研究所調査（2007年）

多くを占めた。

単身者は44・8％が意向を示しているのに対し、家族と住んでいる人は18・8％にとどまっている。海外旅行中は同居の家族が面倒を見てくれるからだろう。小型犬、中型犬、大型犬、猫での差は特に見られなかった。

旅行理由はやっぱり「家族だから当然」がトップ

意向理由は図表⑨のようになった。「家族だから当然」52・9％、「家に置いて行くのはかわいそう」45・7％、「人に預けるのはかわいそう」27・7％、「長期の滞在だから」19・5％(国内では4％)、「ペットを思いっきり遊ばせたい」18・4％（大型犬では28・2％)、「信頼できる預け先・設備がない」12・3％、「ペットの大会やイベントに参加」0・9％である。コメントを見ると「ビーチで犬と走りたい」や「海で一緒に泳ぎたい」などアクティブな意向が強く出ている。

図表⑨ 海外犬旅の意向理由　（海外犬旅意向者ベース）（%）

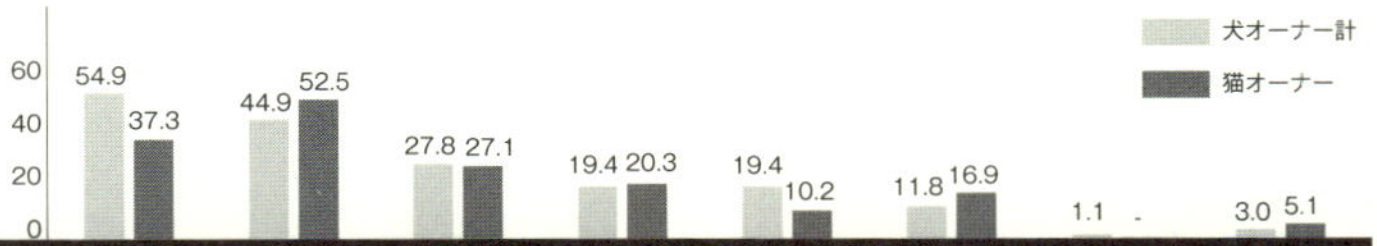

	n	家族だから当然	家に置いていくのがかわいそう	人に預けるのがかわいそう	長期の滞在だから	ペットを思いっきり遊ばせたい	信頼できる預け先・施設がない	ペットの大会やイベントに参加	その他
全体	527	52.9	45.7	27.7	19.5	18.4	12.3	0.9	3.2
犬オーナー計	468	54.9	44.9	27.8	19.4	19.4	11.8	1.1	3.0
小型犬オーナー	334	56.0	46.4	27.2	18.0	18.6	9.9	1.2	1.8
中型犬オーナー	95	51.6	44.2	34.7	24.2	18.9	17.9	1.1	6.3
大型犬オーナー	39	53.8	33.3	15.4	20.5	28.2	12.8	-	5.1
猫オーナー	59	37.3	52.5	27.1	20.3	10.2	16.9	-	5.1
「犬旅」経験者	251	62.5	46.6	29.9	18.7	18.3	16.3	1.2	3.2
「犬旅」非経験者	276	44.2	44.9	25.7	20.3	18.5	8.7	0.7	3.3
積極的意向者※1	330	61.8	44.2	29.7	19.1	20.3	13.3	1.2	2.7
消極的意向者※2	197	38.1	48.2	24.4	20.3	15.2	10.7	0.5	4.1

※1 積極的意向者：「すでに具体的に予定を立てている」と「具体的な予定はないが、ぜひ行きたい」と答えたペットオーナー
※2 消極的意向者：「機会があれば行きたい」と答えたペットオーナー
＊旅の販促研究所調査（2007年）

調査対象者のコメント（海外犬旅に行きたい）

「1ヶ月以上長期で滞在できれば連れて行きたい。施設は犬が一緒にいられれば問題ない」（小型犬・男性26歳）

「常夏のビーチで遊ぶ」（小型犬・男性21歳）

「海外はペット可のリゾートホテルは普通、レストランも多い。海外リゾートでいまだ吠えたり、噛んだりするペットにはお目にかかったことがない。社会性ができていてまったく気にならない」（小型犬・男性56歳）

「オーストラリアの大自然で、一緒に走ってみたい」（小型犬・男性60歳）

「フランスの街並みをのんびりと歩きたい」（小型犬・女性38歳）

「競技会に参加したい」（小型犬・女性46歳）

「犬たちが水遊び大好きなので、一緒に海で遊んだり、海岸を散歩したりしたいです。小型犬ならどこでも一緒に入れる施設があるといい」（小型犬・女性48歳）

「暖かいところにのんびりと行きたい。ペットが思いっきり走れたりする施設で病院付きがいい」（小型犬・女性50歳）

「犬と一緒にビーチを歩きたい」（小型犬・女性24歳）

「一緒に海に入りたい」（小型犬・女性25歳）

「人と犬が一緒に楽しめる旅行がしたい。ノーリードで遊ばせることができるビーチやキャンプ場など」（大型犬・男性48歳）

「詳しくは分からないが、空港（海外と成田）で犬は一定期間預けなければいけないと聞いて

いる。もしそれがなければ海外も一緒に行きたい」（小型犬・女性33歳）

調査対象者のコメント（海外犬旅に行きたいとは思わない）

「飛行機は客室にペット同伴できないので、かわいそう。ペット室の空調がよくないと聞いている」（小型犬・男性24歳）

「環境が整っていないから。地域によって法律や条例が違うので、それを調べて遵守するのが難しいから」（小型犬・男性28歳）

「飛行機は犬にとって負担だし、海外では日本の常識が通じないことがあるため犬や飼い主にとって余計なトラブルになり、ストレスを溜めかねないから。海外にまで犬を旅行に連れて行くのは飼い主のただの自己満足にしか過ぎないと思う」（小型犬・男性29歳）

「検疫が大変そう、犬が旅行先で病気になったり、日本に少ない病気をうつされたりすると対処することが困難」（小型犬・男性34歳）

「食事をする時などに車の中に置いておかなくてはいけないから。行動範囲が狭くなる」（小型犬・男性37歳）

「飛行機に乗せることに抵抗がある。長時間飛行機に乗る場合、犬への負担が心配である。また、トイレを散歩のときにしかしない癖があるため、ケージの中にずっと入れられたままの状態も気になる」（小型犬・男性38歳）

「一緒の旅行は大変だと思う。面倒を見てくれる人がいたらお世話を頼んで旅行をしたい」（小型犬・女性20歳）

5 海外犬旅の様々な意向

ビーチ・大自然などアクティブな意向が強い

デスティネーションは、図表⑩のように、1位のハワイが大きくリードし、続いて2位オーストラリア、3位フランスとなった。以下は、グアム・サイパン、イギリス、アメリカ、イタリア、ニュージーランド、カナダ、ドイツでベスト10を構成している。アジアでは、韓国が13位に入った。ビーチや大自然で一緒に走ったり、思いっきり遊んだりしたいという意向が強いようだ。

根強い欧州志向の理由

犬たちの故郷であるヨーロッパ各国も上位に入った。歴史ある街並みを犬と一緒にのんびり散歩したい、というイメージがあるのだろう。また、実際に検疫での利便性も大きな理由だろう。それだけではなく、ペットに対する国民性に肌で触れてみたいからではないだろうか。

イギリスやドイツでは日本のように子犬を店頭に展示して販売しているペットショップは存在しない。これは、気紛れでペットを購入させないことやお金を儲けるためにひたすら繁殖させて販売する業者を規制するためで、正式なブリーダーから買い受ける。繁殖を取り締まる規制として、出産回数の制限や8歳以降の出産を規制する法律もある。また、EU加盟諸国では2004年から

「ペットパスポート」が導入され、マイクロチップの装着や健康証明書の手続きなどの諸条件を満たせば通常6ヶ月の検疫が短時間の書類審査で可能となり、人とペットの移動がスムーズになった。前章のペット同伴宿を始めたきっかけで、「ヨーロッパ旅行をして、本当に人とペットが共生する社会に感動したから」という宿オーナーのコメントがあったが、そんな社会を愛犬とともに一度体験してみたいというのが、欧州志向のベースになっているのではないだろうか。

想定される宿泊先は「ホテル」、手配方法は「旅行会社」が中心

宿泊先は、図表⑪のようになった。「ペットと宿泊可能なホテル」78・6%、「ペットと宿泊可能なコンドミニアム」50・9%（大型犬では66・7%）、「友人・知人・家族宅」10・6%である。特にイギリス・フランス・ドイツではペットと泊まれるホテルも多い。

旅行の手配方法（図表⑫）は、実態と同様に旅行会社の比率が高くなった。「旅行会社で企画したパッケージツアー」46・5%（小型犬では48・5%）、「航空券・宿泊施設等を旅行会社で手配」

図表⑩ 意向する海外犬旅デスティネーション
（n=527　海外犬旅意向者ベース）（%）

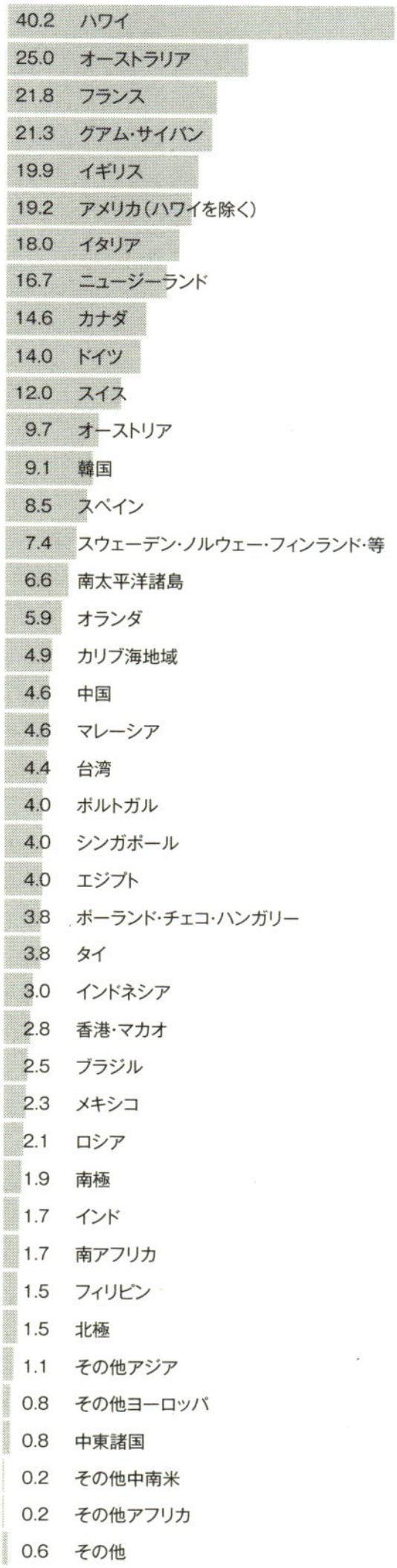

%	国・地域
40.2	ハワイ
25.0	オーストラリア
21.8	フランス
21.3	グアム・サイパン
19.9	イギリス
19.2	アメリカ(ハワイを除く)
18.0	イタリア
16.7	ニュージーランド
14.6	カナダ
14.0	ドイツ
12.0	スイス
9.7	オーストリア
9.1	韓国
8.5	スペイン
7.4	スウェーデン・ノルウェー・フィンランド・等
6.6	南太平洋諸島
5.9	オランダ
4.9	カリブ海地域
4.6	中国
4.6	マレーシア
4.4	台湾
4.0	ポルトガル
4.0	シンガポール
4.0	エジプト
3.8	ポーランド・チェコ・ハンガリー
3.8	タイ
3.0	インドネシア
2.8	香港・マカオ
2.5	ブラジル
2.3	メキシコ
2.1	ロシア
1.9	南極
1.7	インド
1.7	南アフリカ
1.5	フィリピン
1.5	北極
1.1	その他アジア
0.8	その他ヨーロッパ
0.8	中東諸国
0.2	その他中南米
0.2	その他アフリカ
0.6	その他

＊旅の販促研究所調査（2007年）

23・7%で旅行会社計が約7割を占める。「航空券・宿泊施設等を直接個人で手配」は28・3%とかなり実態を下回っている。海外犬旅初心者は、まだ旅行会社への依存が高そうである。単身者と家族での差はあまり出ていない。旅行会社にとっては大きなビジネスチャンスといえるかもしれない。

調査対象者のコメント

「ペットはフランスの犬なのでフランスに行って観光して、カフェに入りたい」（小型犬・女性37歳）

「イギリス生まれの犬なので、イギリスに行ってみたい」（中型犬・女性62歳）

「アルプスの山に一緒に登りたい」（小型犬・女性55歳）

「海が大好きなので綺麗な海で遊ばせてあげたい」（小型犬・女性60歳）

「犬と一緒に泊まれて、ビーチも犬と一緒に

図表⑪ 海外犬旅で利用したい宿泊施設　（海外犬旅意向者ベース）（%）

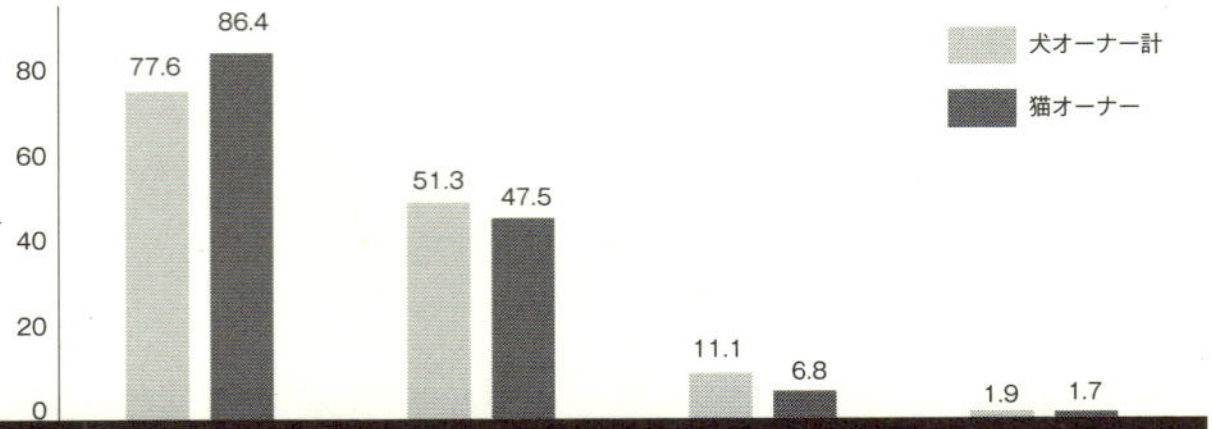

	n	ペットと宿泊可能なホテル	ペットと宿泊可能なコンドミニアム	友人・知人・家族宅	その他
全体	527	78.6	50.9	10.6	1.9
犬オーナー計	468	77.6	51.3	11.1	1.9
小型犬オーナー	334	79.9	47.6	11.1	0.9
中型犬オーナー	95	71.6	57.9	12.6	5.3
大型犬オーナー	39	71.8	66.7	7.7	2.6
猫オーナー	59	86.4	47.5	6.8	1.7
単身者	51	82.4	41.2	13.7	-
その他	476	78.2	51.9	10.3	2.1

＊旅の販促研究所調査（2007年）

いれるところに行って、一緒に泳ぎたい」（中型犬・女性26歳）

「フランスのようにノーリードで歩いているワンたちを見たときはうらやましかった。リッチな層ではないような人の犬もきちんと飼い主さんのそばをノーリードで歩いている。犬同士のすれ違いも平気、そんな中で歩かせてあげたい。特にフランスの行って泊まれる施設を利用したい」（大型犬・男性65歳）

「イギリスでは、一緒に山歩きなどしたい。ドイツ、イギリスとも、電車にも乗れるし、犬権が確立しているので、そんな中で旅行したいから」（大型犬・女性56歳）

「ヨーロッパの歴史を感じられる街道での散歩とアルプス散策」（小型犬・男性30歳）

「オーストラリアの大自然で一緒に走ってみたい」（小型犬・男性60歳）

「エジプトでスフィンクスと対面させたい」（猫・男性31歳）

図表⑫ 海外犬旅で利用したい手配方法　（海外犬旅意向者ベース）（%）

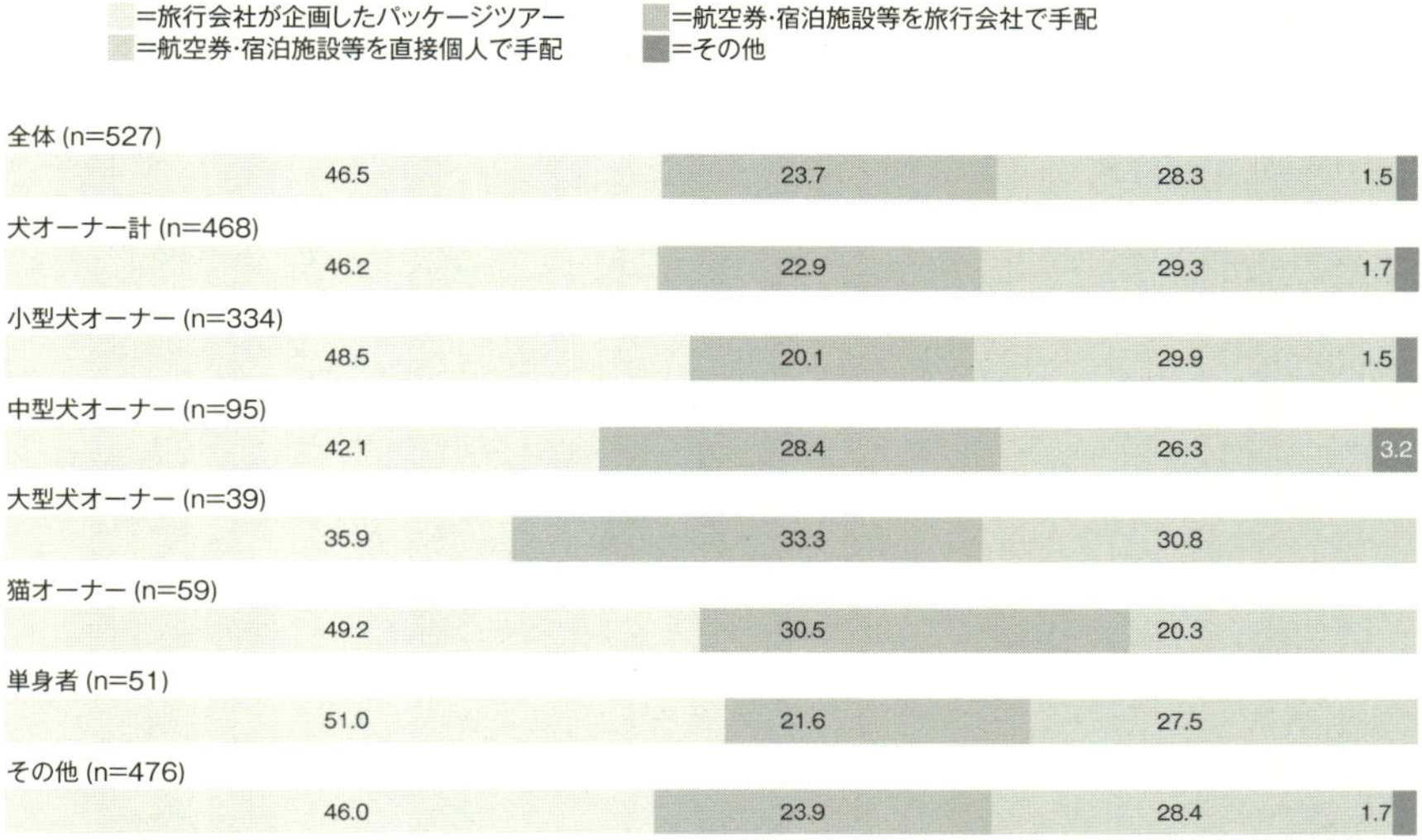

*旅の販促研究所調査（2007年）

Column 7

旅をする日本犬の話

日本犬のルーツ

日本を原産とする犬種は日本犬と呼ばれ、縄文犬系犬種と弥生犬系犬種に大別されている。縄文犬系犬種は大陸と地続きであった頃、シベリア地域より来た北方スピッツ系犬種と南方より来た南方系犬種が交雑し、1万年以上前には縄文犬となり固有化したもの。一方、弥生犬系犬種は、紀元前10世紀から紀元前3世紀にかけて、中国南部や朝鮮半島から海を越えて渡来した大陸系の人々とともに断続的にやって来た犬が縄文犬と交雑し弥生犬になったといわれる。

現在、昭和初期に国の天然記念物として日本犬として指定され、純血種が途絶えていないものは、北海道犬、秋田犬、甲斐犬、紀州犬、四国犬、柴犬の6犬種となっている。古来、これらの犬種のほとんどは、イノシシや熊を捕らえるための狩猟犬であった。首輪などをつけて飼うこと自体は、明治時代に西洋の影響で始まったことであるが、古くより日本人の生活とともに犬は存在していた。

江戸時代お伊勢参りをした犬

もともと犬は地続きであればより良い生活を求めて移動していったといわれる。つまり、旅することも可能であったともいえる。そんな犬の性質を表している江戸時代のエピソードに面白いものがある。

江戸時代に起こった伊勢参りは御利益を求める全国の庶民の間に一大ブームとなった。年間100万人もの善男善女が伊勢参りにいったという。とはいえ、貧しい庶民層はなかなかいけないので、くじを引いて、誰かが代表でお参りに行く代参というものがあった。この代参ではないが、実際に飼い主が伊勢まで行けないため、犬にお伊勢参りをさせた記録が各地に残っている。首にお賽銭や「お伊勢参りがしたい」といった書状をかけて送り出すと、一緒に行く伊勢参りの人や沿道の人々に可愛がられながら、ちゃんと伊勢まで辿り着いて、お札を携え帰ってきたということだ。この伊勢代参を成功させた犬たちは全て白犬だったそうだ。

海外へ渡った日本犬

日本の大地を自ら歩いて旅してきた犬が江戸時代にいたということだが、初めて海を渡って海外へ行った日本犬は秋田犬であったかもしれない。

自らも障害を背負いながら身体障害者の福祉・教育に尽したヘレンケラーは生涯に3回の来日を果たしている。1937年の1回目の来日の際に、「忠犬ハチコー」のエピソードを聞きおよび秋田県で講演を行った。この講演は人々に感銘を与え、そこで秋田犬「神風号」がヘレンケラーにプレゼントされた。これが、アメリカにもたらされた秋田犬の第1号であった。残念ながら、「神風号」はジステンパーで8ヶ月後に亡くなってしまうのだが、ヘレンケラーはもう1匹の秋田犬をリクエストし、1939年「神風号」の兄弟犬の「ケンザン号」が贈られた。ヘレンケラーからは「Go―Go」と呼ばれ8歳で死ぬまで彼女のもとにあったということである。

秋田犬は、第二次世界大戦後、日本に駐留していた米軍の兵士たちにその体が大きいことでとても人気があり、駐留を終えて本国へ帰任する際に一緒に連れて帰られたものも多くあった。その秋田犬の子孫は、現在、「アメリカン・アキタ・ドッグ」として、アメリカのみならず世界各国に広がっている。

お伊勢参りする犬の絵（円内）　歌川広重「五十三次　四日市」

第9章

犬旅のこれから

1 犬旅の変遷と犬旅元年

犬旅は家族旅行の1ジャンル

家族旅行はファミリー旅行ともいわれ、旅行の中でも大きなシェアを占める旅行形態だ。家族旅行と一口にいっても、その内容は世代や家族構成によって、旅行スタイルが異なり、人気デスティネーションも選ばれる宿泊施設も異なる。家族旅行も多様化、個性化してきている。家族のメンバーによっては、旅行をするのに気を遣わなければならない場合もある。赤ちゃんが家族にいる場合などがそうだろう。

赤ちゃんがいる場合、旅先で泣いたらどうしよう、病気になったらどうしよう、赤ちゃんのための荷物も多くなるだろうと、旅行することに消極的になってしまう人も多い。そんな人のために、JTBは、母親向けのサイト「womama」とコラボレーションし、「ウーママステイ」という宿泊プランを販売して注目を集めた。周囲に気兼ねせずに食事できる部屋食や個室での食事にしたり、オムツ用のバケツが用意されていたり、赤ちゃんのいる家族でも気軽に旅行できるプランのようだ。「赤ちゃんがいるから旅行に行けない」、「赤ちゃんがいると大変だから、赤ちゃんを預けて旅行に行く」のではなく、「赤ちゃんがいても楽しめる旅行」が提供されるのが、成熟した社会の姿だといえるし、旅行会社や観光業界の使命であるといえる。

ペットが「家族」であるなら、犬旅も家族旅行の1ジャンルといえるのではないだろうか。特に、赤ちゃんを連れての家族旅行と酷似しているように思う。「はじめに」で紹介したが、もうすでに日本は年少人口、すなわち子供の人数よりペットの数のほうが多いのである。ペットを飼う人たちにとって、ペットという家族が欠けている旅行は家族旅行とはいえないだろう。宿泊施設や交通機関などで犬旅環境は徐々に整いつつある。社会全体の理解も進みつつある。「ペットがいても楽しめる旅行」が一般化する環境を作っていくことが、ペットと共生していく先進国の流れなのではないだろうか。

犬旅の変遷

今回の調査により、犬旅は決して珍しいものではないということが明らかとなった。犬旅は、すでに一般的な旅行スタイルへの階段を上り始めている。

犬旅自体は昨日今日に登場してきた旅行形態ではない。1980年代半ばから1990年代初頭にかけて起こった「第一次ペットブーム」のときにすでにあった。富裕層が大型のマイカーに愛犬を乗せ、別荘に行き、避暑などを目的にペットとともに滞在する、というパターンだ。犬を連れて優雅に散歩する貴婦人の姿は軽井沢や箱根などの高級別荘地帯で見られた風景だ。

現在は、1990年代後半から始まった「第二次ペットブーム」の中にあるといわれている。チワワやトイ・プードル、ミニチュア・ダックスフンドなど、小型犬が中心となるブームである。核家族化やペットマンションの急増などがその背景にあることは、幾度か説明させていただいた。マイカーは誰もが所有している時代であった。家族揃って乗れるワンボックスカーが流行した時期でもある。高速道路網や道の駅の整備、カーナビの普及なども犬旅の追い風になった。

最初は「ペットがいるから旅行には行けない」、「ペットがいるから旅行は我慢する」から、「ペットを預けて旅行に行く」という時代になる。家族や知人も可愛いペットを快く預かってくれたし、ペットホテルが各地にできた。

次に、「ペットを置いていくのは可哀想」、「安心して預けるところがない」となり、それでも旅行はしたいので、いよいよ連れて行くことになる。マイカーなら安心で、人にも迷惑はかけないし、問題ない。まず日帰り旅行から始まり、宿泊を伴う旅へとなった。おそらく、最初は気兼ねのいらないキャンプ場やコテージ、貸し別荘からのスタートだったと思われる。並行して、実家への帰省にもペットを連れて行くようになってきた。

意識も「置いていくのが可哀想だから」から「家族だから当然」という風に変化していった。この頃から、宿オーナー自身がペット愛好家のペンションが先駆けとなり、ペット同伴可、さらにペット専用ペンションができてくる。マイカー以外の公共交通機関もペットの同伴を歓迎とまでは行かないが、徐々に整備されていき。大手旅行会社も「ペットの泊まれる宿」を宿泊プランにラインナップするようになる。

「愛犬のためだから毎年同じ場所でもしょうがない」、「愛犬がいるから不便なコテージでもしょうがない」、「愛犬がいるから美味しい料理が食べられないのもしょうがない」、「愛犬がいるからかなり遠くてもマイカーで行こう」、「愛犬がいるから温泉はあきらめるか」……愛犬を中心とした旅行計画が立てられた。ペットが歓迎され、愛犬が楽しく遊べる施設や自然がある地域を選択してきた。これが、つい最近までの犬旅の状況といえよう。

そして今、犬旅元年

「ペットと一緒に宿泊できるだけでありがたい」との思いから、「ペットと一緒に食事がしたい」、「ドッグランは当たり前」、「ペットのお風呂が欲しい」などペットに対するサービスの充実を求めるようになって来たが、それはあくまでも、ペットが楽しく過ごすための要望であった。受け入れ側もその要望に応えてきた。

しかし、今回の調査で最近、ペットオーナーすなわち犬旅の旅行者の意識に大きな変化が起こってきているのが浮き彫りになった。

「広々とした大露天風呂に入りたい」、「旬の会席料理をゆっくりと味わいたい」、「夜景のきれいな高層階に宿泊したい」、「プールで泳ぎたい」など旅館やホテルでないと叶えられない犬旅の旅行者のニーズが徐々に大きな声となってきたのだ。つまり、ペットと一緒で、ペットが喜ぶだけでは十分でなく、普段の旅行のように人間も同時に満足する旅行を求め始めてきたのである。宿泊施設だけでなく、「気軽に新幹線や飛行機に乗りたい」、「パッケージツアーで行きたい」などペットオーナーのストレスの軽減も求められ始めた。

犬旅が家族旅行であるのなら、全員がストレスなく、満足したいと思うのは当然のことかもしれない。犬旅に、ペットが楽しく過ごせるのは当然で、ペットオーナーも普段の旅行のような楽しみを求め始めたのである。犬旅は新しいステージに突入したのである。

前述のＪＴＢの木下氏の「人間も十分満足できる商品を提供していくのが旅行会社の役割ではないか」というコメントは、これからの犬旅の方向性を的確に表現している。まさに、今、犬旅元年を迎えたといえるのではないだろうか。

2 ペット共生社会での犬旅

これからの犬旅

ペット飼育者の根強い同伴旅行志向から、確実に犬旅市場は拡大していくだろう。それでは、これからの犬旅はどんな旅行となっていくのだろうか。以下、その予測である。

「ペットがストレスなく楽しく過ごし、かつペットオーナー自身も十分な満足を得られる旅」がこれからの犬旅の基本的な姿となろう。具体的には、次のようだ。

①宿泊施設はペンションが中心だが、既存の旅館・ホテルへと拡大し高級志向が進む。
②交通手段はますますマイカー利用が多くなるが、飛行機、新幹線の利用が伸びる。
③デスティネーションは既存人気エリアに加え、北海道・沖縄・京都・東京が増加する。
④予約手配方法はインターネットが主流になるが、旅行会社窓口も増える。
⑤旅行会社のペットの宿泊プランの拡大、専用パッケージツアーの造成、販売が開始される。
⑥旅行費用の二極化は進むが、一般の旅行に比べやや低額だった平均単価も上昇する。
⑦海外駐在、ロングステイ、ハワイリピーターなどから海外犬旅が増えていく。

犬旅の効果

犬旅による旅行消費額は確実に拡大し、デスティネーションとなる地域に大きな経済的な効果をもたらすとともに、旅行業界や運輸機関、観光業界もその効果を受けるだろう。少子高齢化が進み、人口減少時代に入っていく日本において、国や地域が最も望んでいる地域との交流人口を増やす決め手ともなる可能性も高い。

犬旅は長く低迷する国内旅行市場を復活させる起爆剤になるかもしれない。そしてその中心となるドライブ旅行が活性化され、日本を支える自動車関連産業にも大きな好影響を与えるかもしれない。犬旅は、それだけの潜在需要とポテンシャルを持っている。また、経済的な面だけでなく、地域との相互理解が促進されることはもちろん、「家族旅行」は社会の構成する最小単位である家族の絆を強めるという大きな効果も期待される。

しかし、その犬旅には他の旅行形態にはない次のような大きな課題があることを忘れてはならない。

動物嫌いと動物アレルギー

ペットを連れて、気軽に電車や飛行機などの公共機関に乗り、ペットと一緒にホテルでくつろぐ。一緒に食事をしたり、一緒に温泉に入ったり……ペットを飼う人にはとても素晴らしいことだろう。しかし、動物が嫌いな人にとってはどうだろうか。ペットが近くにいるだけで冷や汗をかく人もいる。そんな人にとっては、ペットと一緒のホテルに泊まったり、ペットの座った座席に座ることさえ考えられないものかもしれない。ちなみに、２００３年の動物愛護法に関する世論調査（内閣府）によれば、約３割が「ペットが嫌い」と回答している。また、「動物が嫌いだからペットを飼わない」と回答した人も17％いた。いくらペットブームであっても、ペット嫌いは確実に存在しているのである。

２００３年の保健福祉動向調査（厚生労働省）によれば、直近1年間に皮膚、呼吸器及び目鼻の各症状のいずれかのアレルギー症状があった人は、全体の36％にのぼった。動物アレルギーといわれるものには、蜂の毒やダニなどがアレルゲンになっているものも含まれるが、ペットとして多く飼育される犬や猫もアレルギー様症例を引き起こす原因になる。犬や猫の、毛・毛垢・唾液・尿などがアレルゲンとなる。

子供に多い食物アレルギーに対しては、宿泊施設やレストラン、アミューズメント施設、機内食を出す航空会社などが徐々にではあるが取り組みを始めている。犬旅がさらに一般的になっていくには、動物アレルギーの人たちへの対応も避けては通れない重要な課題となるだろう。

ペット共生旅行をめざして

ペット飼育可能マンションが増えている。しかし、いまだに共同住宅ではペット飼育に関するトラブルが起こっているという。そんな中、ペット飼育者も、ペット嫌いも含めたペット非飼育者も生活しやすい住宅をめざしているのが、ペット共生住宅である。ペットのための設備や、サービスが提供されると同時に、狂犬病予防や去勢手術を受けさせる、ペット自治組織をつくるなど、飼育者にも高い意識をもって生活することを求めている。トラブルが完全になくなることはないだろうが、ペット好きにもペット嫌いにも優しい環境づくりの前向きな試みだろう。

犬旅にも同様の発想が必要なのではないだろうか。犬旅は、ペットを連れて旅行する人のことを考えるだけでは十分ではない。ペット嫌いの人も、当然動物アレルギーの人も同時に満足でき、共生できる旅行環境が整ってこそ、犬旅が社会の中で確かな地位を獲得していくことになるのだろう。同時にとはいえ、必ずしも同じ空間で、同じ時間で楽しまなければペット共生旅行にならないということはない。ペット連れとそうではない人の共有スペースが交わらない設計や時間帯の設定などでも共生といえるかもしれない。つまり、旅行全体という視点でとらえ、ペット連れ旅行者とそれ以外の旅行者がともに満足を得るハードやソフトができているのかどうかが重要なのだろう。宿泊施設を中心に、観光にかかわる様々な場面でそのトライアルが始まっている。まだまだ、時間がかかるかもしれないが乗り越えられないハードルではない。

マナーの徹底が犬旅のベース

ペット先進国といわれるヨーロッパでは、ペットとともにレストランに入れたり、公共交通機関を気軽に利用できたり、ペットが生活シーンの中で自然に存在しているといわれる。日本のペット飼育者もうらやましく感じている人は多いのではないだろうか。このような環境はペットのしつけレベルの高さによって可能なのである。日本のペットのしつけは決して高いレベルとはいえないようだ。ペットのしつけをきっちりと行い、ペットにマナーを守らせ、そして最も重要なことはペットオーナーがマナーを守る意識を持つことなのだ。そういう意味では犬旅を育てていくためには、日本のペット社会そのもののレベルアップがポイントなのかもしれない。また逆に、犬旅は、旅という広い社会へのデビューを通し世界で通用するマナーを学んでいく最良の機会となるかもしれない。

現在もこれからも、マナーの徹底は犬旅のベースである。

おわりに

インターネットのポータルサイト「ｇｏｏペット」（２００７年11月）に面白い記事があった。〝愛犬の誕生日に何をする？〟のアンケート結果で、１位は〝誕生日ケーキでお祝い〟、２位が〝手作りご飯をつくってあげる〟で、３位は〝旅行へ出かける〟だった。

犬旅の調査研究の後の記事だったので、いまさら驚きはしなかったが、とても興味深く思った。〝愛犬の誕生日〟という発想自体も面白いが、結果もなるほどと納得をした。ペットは家族の一員なのだから誕生日を祝うのは当然であろう。しかし、愛犬はモノをプレゼントしてもあまり喜ばない。そこで、愛犬が喜びを体で表す〝贈りゴト〟がベスト３に並んだのだろう。ペットオーナーのペットに対する微笑ましい愛情を感じるアンケートだ。

犬旅の主役は犬や猫のペットたちだ。今回の調査、研究の途中でしばしば、〝犬旅を本当にペットは喜んでいるのだろうか？〟という疑問をもった。犬旅を経験した犬や猫たちに直接グループインタビューをし、全国のペットたちに直接アンケートをとってみたいと思った。いつのまにか、犬や猫も意思を持って言葉をしゃべるものだと、錯覚してしまうことがしばしばあった。それだけ犬や猫は人間に近い存在なのだろう。

〝犬は人に付くといわれるからきっと旅行も楽しんでいる。猫は家に付くといわれるから留守番のほうが好きだろう〟などという人は多い。残念ながら、犬や猫に直接は聞けないが、実をいうとペットオーナーにはペットの気持ちが分かるという。そうであれば安心である。

犬旅はペットライフの最も良いシーンかもしれない。日本には、誕生日を祝福され、旅行にまで連れて行ってもらえる幸せなペットたちがいる一方、各地の動物愛護センターで殺処分されている同じ犬や猫が年間に30万匹以上（２００５年環境省）いる。年間80万匹近くが殺処分されていた１９８０年代に比べるとかなり減少したものの、野犬や捨て猫などに遭遇することが滅多になくなった今日、驚くべき大きな数字である。無責任なペットオーナーばかりの責任ではないようだが、ペットにかかわる環境にはこんな厳しい課題があることを、最後に触れておきたい。

今回、日本のペットツーリズム、すなわち犬旅について調査、研究をしてきた。日本人のほとんどの旅行形態はそれなりに歴史があり、旅行会社や観光業界がそれぞれの場面にかかわり合い成熟期にさしかかっているといわれる。今回の犬旅は、そういう意味ではこれから成長する、極めてまれな成熟期を迎えていない旅行形態といえる。本格的なペット同伴旅行にかかわる調査はとても新鮮で、楽しい研究だった。

ペット飼育者の同伴旅行志向は根強く、幅広い。間違いなく犬旅の市場は拡大していくだろう。動物嫌いや動物アレルギーの人たちとのかかわり、一般の旅行とのかかわりなど多くの越えなくてはならない壁はあるが、犬旅の大きな潮流は止まらないだろう。おそらく、マイカーでの高原への旅だけではなく、バリエーションに富んだ犬旅が登場してくると、私たちは期待している。

犬旅も助走期間が終わり、やっと本格的な旅行形態となって発展期を迎えるスタートラインについたところだ。もちろん、「犬旅研究」も緒についたばかりである。

２００８年４月

安田亘宏

索引

著者紹介

安田　亘宏（やすだ のぶひろ）旅の販促研究所所長（㈱ジェイ・アイ・シー執行役員）

1977年JTBに入社。旅行営業、添乗業務を経験後、本社、営業本部、グループ会社で販売促進・マーケティング・商品開発等の実務責任者を歴任。06年4月より現職。

所属：日本観光研究学会会員、日本創造学会会員、日本旅行作家協会会員

著書：「旅の売りかた入門―もっと売るための広告宣伝戦略―」（イカロス出版）
「旅行会社のクロスセル戦略」（イカロス出版）
「長旅時代―ロングツーリズムの実態と展望―」（監修・教育評論社）
「食旅入門―フードツーリズムの実態と展望―」（共著・教育評論社）

中村　忠司（なかむら ただし）旅の販促研究所副所長

1984年JICに入社。88年JTBに出向、CI導入・ブランディングを担当。JIC復帰後、旅行・観光関係の企画・プロモーションを担当。06年4月より現職。

所属：日本地域資源学会会員

著書：「食旅入門―フードツーリズムの実態と展望―」（共著・教育評論社）

吉口　克利（よしぐち かつとし）旅の販促研究所主任研究員

1990年日本統計調査㈱に入社。マーケティングリサーチャー・調査ディレクターとして旅行・観光関連等多領域のリサーチ業務を担当。06年11月JICに入社し現職。

著書：「食旅入門―フードツーリズムの実態と展望―」（共著・教育評論社）

調査・取材協力

上野　拓（うえの　ひろし）旅の販促研究所主席研究員

小畑　綾乃（おばた　あやの）旅の販促研究所研究員

写真協力

鈴木　憲治、村山　真実、木下　俊司、阿部　克俊、米津　香保里、JTB シドニー支店、伊豆高原わんわんパラダイスホテル

旅の販促研究所

JTB グループのシンクタンクとして、同グループの総合広告会社㈱ジェイ・アイ・シー（JIC）内に設立された研究所。「旅行者研究」をメインテーマに多様化、個性化された日本人旅行者の行動と心理を独自の調査手法により分析し、旅行業界・観光業界にこだわりのある新しい企画提案をしている。

ホームページ：http://www.jic.co.jp/tbi/

参考・引用文献
「旅行者動向 2007」（財団法人日本交通公社観光文化事業部）
「JTB REPORT 2007」（ツーリズム・マーケティング研究所）
「JTB 宿泊白書 2007」（ツーリズム・マーケティング研究所）
「ペットビジネスハンドブック2007」（産経新聞メディックス）
「最新ペット業界の動向とカラクリがよ〜くわかる本」福井晋著（秀和システム）
「家族ペット　ダンナよりもペットが大切 !?」山田昌弘著（文春文庫）
「高齢犬のキモチがわかる本」若山正之監修（椎出版社）
「うちの猫のキモチがわかる本」（学習研究社）
「るるぶ情報版　ペットとおでかけ首都圏から'07〜'08」（JTBパブリッシング）
「日本と世界の愛犬図鑑2008」佐草一優監修（辰巳出版）
「ワンちゃんネコちゃんペットと泊まる宿」（ブルーガイド）
「Dog Life」（オークラ出版）
「旅は犬連れ」（出版文化研究会）
「犬連れバックパッカー」斉藤政喜著（新潮文庫）
「犬となかよくなる本」沼田陽一著（PHP文庫）
「月刊レジャー産業資料　No.464」（綜合ユニコム）
「日本の犬は幸せか」富澤勝著（草思社）
他、ペットフード工業会等団体、官公庁・企業のホームページ、新聞、雑誌など刊行物を参照しました。

犬旅元年　ペットツーリズムの実態と展望

2008年4月4日第1刷発行

著　　者　安田亘宏　中村忠司　吉口克利

発 行 者　阿部黄瀬

発 行 所　株式会社教育評論社
〒103-0001　東京都中央区日本橋小伝馬町２－５　ＦＫビル
TEL 03-3664-5851　FAX 03-3664-5816
http://www.kyohyo.co.jp

印刷製本　壮光舎印刷株式会社

ISBN 978-4-905706-27-4　C0065

旅のマーケティングブックス

長旅時代

ロングツーリズムの実態と展望

旅の販促研究所：著

旅の販促研究所
監修：安田亘宏
定価：1,470円
ISBN978-4-905706-18-2

日本も欧米先進国並みの長期間の完全休暇を楽しむ時代が、もうそこまで来ている。しかも、日本の長期旅行は欧米流のワンパターンの滞在型ではなく、それぞれの趣味志向に合わせたバリエーション豊かなものになるだろう。この芽生え始めた日本のロングツーリズムを私たちは「長旅」と名づけ、その実態と旅行者の動向、これからの展望についての調査・研究を当「旅の販促研究所」の自主研究として実施したシリーズ第一弾！

食旅入門

フードツーリズムの実態と展望

旅の販促研究所
安田亘宏・中村忠司・吉口克利
定価：1,680円
ISBN978-4-905706-23-6

旅の目的の上位に「食」がこの十数年あげられている。その土地に行って「本場」の料理を「本場」で食べてみたいという欲求は強く、すべての旅行の大きなモチベーションとなっているといって過言ではない。「食」は重要な観光資源として注目をされており、新しい「食」を創造し、アピールしている都市もある。このような「食」を観光資源とした「フードツーリズム」を「食旅」と名づけ、その実態と旅行者の動向、これからの展望についての調査・研究を当「旅の販促研究所」の自主研究として実施したシリーズ第二弾！

価格は税込みです。
お近くの書店でお求めください。